Peter Gauweiler

BRIEFWECHSEL

Christian Ude

Prinz*edition* im Keyser Verlag

Erste Auflage Oktober 2009
Mit freundlicher Genehmigung des Münchner Merkur
Prinzedition im Keyser Verlag,
Keysersche Verlagsbuchhandlung GmbH
Berlin – Potsdam – München

Gestaltung: Witt & Kern.Design, Berlin
Satz: PrinzMedien, Berlin
Gesetzt in der Janson
Druck und Bindung: Delphin-Druck, Berlin
Papier: 90g/qm, Munken Print Cream 15
mit FSC-Zertifizierung
Printed in Germany

ISBN 978-3-86886-016-0

Inhalt

Dirk Ippen – ein Prolog

»Eure Rede aber sei: Ja, ja; nein, nein.«

Dieser Briefwechsel ist deswegen so unterhaltsam, amüsant und auch informativ, weil dieses Wort des Evangelisten dort nicht gilt. Was der „liebe Peter" und der „liebe Christian" sich Woche für Woche im Münchner Merkur geschrieben haben, gleicht eher dem Duell eleganter Florettfechter als der biblischen Anweisung!

Die mit intellektueller, spitzer Feder geschriebenen Beiträge kann jetzt auch lesen, wer unsere Zeitung noch nicht abonniert hat. Dem Keyser Verlag, München, gebührt großer Dank für diese feine Edition.

Wer diesen Austausch kluger Leute liest, ist gezwungen, bequeme Vorurteile aufzugeben. Der „schwarze Peter" ist so kohlrabenschwarz nicht, wie er insbesondere von denen, die ihn nicht kennen, gerne gemacht wird. Christian Ude dagegen regiert zwar München seit langem als Chef einer rot-grünen Koalition, lässt aber sämtliche

ideologischen Scheuklappen vermissen. Er
ist übrigens der beste Redner Münchens, und
auch das kann erahnen, wer diese Briefe liest!

Ob die beiden überhaupt so fest in ihren
jeweiligen Parteien verwurzelt sind, wie
sie sich geben? Darüber lässt sich trefflich
streiten. Offensichtlich haben sie keine
Parteigötter über sich, sind dort in der Rolle
des Böses wollenden, aber immer Gutes
schaffenden Mephistopheles, den Goethe im
„Prolog im Himmel" sagen lässt: „Von Zeit
zu Zeit seh' ich den Alten gern und hüte
mich, mit ihm zu brechen! Es ist gar hübsch,
von einem hohen Herrn so menschlich mit
dem Teufel selbst zu sprechen!"

Das könnte sowohl der „schwarze Peter"
als auch der „rote Christian" nach einem
Gespräch mit der jeweiligen Parteispitze
gesagt haben.

Es ist ein großes, intellektuelles Vergnügen,
zu lesen, was die beiden unabhängigen Köpfe
sich im Merkur geschrieben haben. Dafür
braucht man nun nicht einmal Abonnent zu
sein. Aber auch das wäre empfehlenswert!

Dirk Ippen ist Verleger und Herausgeber zahlreicher deutscher
Zeitungen, darunter in München des „Merkur" und der „tz".

Aus eins mach drei

Lieber Peter,

ich kann nix dafür. Wirklich nicht. Wie immer halt. Schuld ist allein der Münchner Merkur. Sein Chefredakteur Karl Schermann hatte die Idee, dass wir hier Woche für Woche Briefe austauschen und die Klingen kreuzen sollen. Um das ehrwürdige Blatt mit unterhaltsamem Konfliktstoff aufzumuntern. Das hat er zwar nicht gesagt, aber ganz sicher gemeint.

So werden sich also zumindest publizistisch unsere Wege weiterhin kreuzen. Als ob sie das nicht schon oft genug getan hätten! Erstmals habe ich vor 40 Jahren als SZ-Redakteur über Dich geschrieben, als Du die angeblich völlig unabhängige Münchner Schülerunion gegründet hast, die sich später als Parteiauftrag erwies. Das zweite Mal, als Du eine Demonstration gegen den sowjetischen Einmarsch in Prag mitorganisiert hast, was mir heute noch genauso gut gefällt wie damals. Dann haben wir uns sechs Jahre lang gefetzt als Pressesprecher unserer jeweiligen Münchner Partei. Später flogen nicht nur Presseerklärungen, sondern auch Schriftsätze hin und her. Dann unser Wahlkampf 1993, für den Du die schöne Formulierung gefunden hast, es sei noch lange nicht ausgemacht, wer wem mehr zugesetzt habe. Aber gewinnen – darauf können wir uns wohl verständigen – konnte nur einer. Seitdem bist Du überwiegend parlamentarisch, advokatisch und publizistisch tätig und immer wieder für Überraschungen gut, die mein gefestigtes Feindbild gelegentlich ins Wanken bringen. Deinen Protest gegen den Irak-Krieg nehme ich Dir nämlich genauso ab wie die Skepsis gegen europäische Regelungswut bei gleichzeitigem Marktradikalismus. Deshalb muss man ja nicht gleich das gesamte Feindbild über Bord werfen.

Begnadet war die Wahl des Zeitpunkts für den Beginn dieses Briefwechsels. Wäre überhaupt eine schönere Woche denkbar? Eine neue Zeit hebt an. In Bayern ist plötzlich ein Regierungswechsel ebenso vorstellbar wie in allen westlichen Demokratien. Gemessen am Wahlergebnis ist die CSU nur noch der viertstärkste Landesverband der Unionspartei. Eine leibhaftige Ministerin ist ebenso wie die Strauß-Tochter aus dem Landtag geflogen. Die Parteigranden klettern tollpatschig vom hohen Ross herunter, purzeln und stürzen. Wo gestern noch „Hosianna" gerufen wurde, heißt es heute „Kreuziget ihn!". In atemberaubendem Tempo rollen Köpfe, die *an den langsam verblassenden Plakaten noch als Garanten von Bayerns Erfolg und Sicherheit gepriesen werden.*

Oft genug habe ich mir angesichts einer allein regierenden Staatspartei mit erdrückender Übermacht und berstendem Selbstbewusstsein gewünscht, so einen Verfall der CSU noch persönlich miterleben zu dürfen. Da die Menschen nicht so gut sind, wie sie sein sollten, ist keine Freude reiner und heller als die Schadenfreude. Das mag den Jubel der bayerischen SPD in der Wahlnacht durchaus erklären. Aber spätestens am folgenden Tag sollte wie nach einem Wiesn-Rausch die Ernüchterung folgen: Es ist ja wohl nicht wirklich erhebend, wenn das schlechteste Ergebnis der Nachkriegsgeschichte noch einmal unterboten wird.

In Wahrheit kämpfen beide Volksparteien mit demselben Phänomen, nur zeitlich versetzt: Aus eins mach drei. Die SPD hat die „Ausgliederung" der Grünen-Partei schon länger hinter sich und erleidet derzeit den Verlust linker Wähler, das bisher von der CSU gebündelte Wählerpotenzial hat sich aber auf einen einzigen spektakulären Schlag dreigeteilt – durch das Outsourcing der neoliberalen FDP-

Wähler einerseits und der aufmüpfigen „Freien" andererseits. Das verspricht mehr Vielfalt, Lebendigkeit, Offenheit und Diskurs und ist schon deshalb zu begrüßen. Gesetzentwürfe werden wieder diskutiert, nicht von einer Parteileitung oder einem Fraktionschef diktiert. Ein gewaltiger Fortschritt. Einerseits.

Aber werden die Wählerinnen und Wähler wirklich zufriedener sein, wenn zwischen immer mehr Parteien immer mehr Kompromisse geschlossen werden müssen? Wenn auf Bundesebene nur noch Dreier-Bündnisse möglich sind, die Unvereinbares unter einen Hut bringen sollen?

Sowohl die „Ampel" als auch „Jamaika" verlangt ja, Grüne und Liberale an einen Kabinettstisch zu bringen – für und gegen Atomkraft, für und gegen das Rauchverbot. Wie sollen die Kleinen da halten, was man sich offenbar von ihnen verspricht? Oder wird die Politikverdrossenheit dann damit begründet, dass Politiker mit gegensätzlichen Programmen dennoch Koalitionen schließen und vom eigenen Programm die Mehrheit der Positionen aufgeben müssen? Und ist eine Partei wirklich schon deshalb besser, weil man fast nichts über sie weiß *oder weil sie nicht einmal zugibt, eine Partei zu sein? Das mag ja „trendy“ sein, aber ist es auch gut?*

Das wären doch Fragen, die wir als trotz allem unerschütterliche Volksparteiler einmal stellen sollten. Oder?

Herzlichst Christian Ude

Ansammlung von Glühwürmchen

Lieber Christian!

Danke für Deinen Brief von letzter Woche in dieser Zeitung an mich. Sehr schön. Seit einiger Zeit stelle ich bei uns beiden einen sentimental-nachsichtigen Ton fest, der mich irgendwie beunruhigt. Hast Du nicht irgendetwas Provokatives, nachdem der Titanenkampf Beckstein/Maget hinter uns liegt? Wobei unser Günther zwischenzeitlich auf dem Weg ins Freie ist und seine Frau wieder anziehen, reden und lesen kann, was, wann und wo sie will. Während Franz Maget seinen SPD-Landesvorsitz zeitlich offensichtlich ins Unendliche ausdehnen will. Bitte schreib mir jetzt nicht irgendein genossenschaftliches Lob über die Person Maget – das wäre mit der Wahrheit gelogen. Er ist ein guter Mann und ein guter Redner ist er auch – aber er weiß selbst, dass er mit einer Fortsetzung seines bisherigen Unternehmens die Zeit seiner Partei und seine eigene Zeit verschwendet. Es geht einen als Schwarzen ja nichts an, aber wenn ich mich für einen Moment auf die andere Seite des Schachbretts setze (gerade, wo über unsere liebe CSU von Euch so viel gelästert wird):

16

So geht es mit der altehrwürdigen Bayern-SPD nicht mehr weiter. Entweder einer von Euch roten Freistaats-Oberbürgermeistern übernimmt den Laden und bringt die Truppe auf Vordermann. Oder sie bleibt eine Ansammlung von Glühwürmchen.

Im Moment ärgere ich mich über die Haltung der SPD zur Erbschaftsteuer. Das wird für die bayerischen Familienunternehmen eine Katastrophe (für die Heuschrecken wird es ein Leckerbissen, weil die erbschaftsteuerbetroffenen Anteile der Familienunternehmen im Todesfall besonders billig hergehen). Und die Deutsche Bank und Goldman Sachs zahlen niemals Erbschaftsteuer. Und für die Hausbesitzer und Wohnungseigentümer soll jetzt der volle Verkehrswert zum Todesfall gelten (und nicht mehr der viel niedrigere Einheitswert bzw. Bedarfswert wie früher). Wobei die Frage ist, welchen „Verkehrswert" derjenige erzielen kann, der unter Druck und wegen einer Steuer, die innerhalb eines Monats zu zahlen ist, verkaufen muss. Welchen Sinn wird es noch haben, sich ein Leben lang mit seinem bereits versteuerten Einkommen für die Ratenzahlungen eines Bausparvertrages abzurackern, wenn die Familie den so geschaffenen Wert im Erbfall gleich noch

*mal versteuern muss. Eine solche Todessteuer
hat nur einen Anreiz: Zu Lebzeiten alles zu
verprassen! Immerhin wird der Lustgewinn
des Verstorbenen nach dem vorliegenden
Erbschaftsteuerreformentwurf nicht noch einmal
versteuert.*

*Ich höre jetzt auf und belästige Dich nicht weiter.
Es wäre schön, wenn uns dieser Briefwechsel
einem Verständnis näher brächte, was die
Aufgabe von politischen Leuten in Bayern in der
Zukunft sein kann. Zwar sind Taten noch besser
als Worte, aber manchmal hilft das Schreiben für
ein präziseres Denken. Jedenfalls mir. Wenn wir
und andere uns darum nicht kümmern, werden
die Politik und ihre Parteien zusammenfallen
wie die Subprime-Anleihen aus den USA. Wo
sich wieder einmal gezeigt hat, dass bei der
Anhäufung von unterwertigen („subprime")
Anleihen nach einer gewissen Zeit selbst geringe
Änderungen der Anfangsbedingungen zu einem
erdrutschartigen Zusammenbruch führen. Was
jedenfalls wir beide auf unsere mittelalten Tage
nicht wollen können. Aber das wäre ja schon
wieder eine Gemeinsamkeit. Furchtbar!*

Herzlichst

Dein Peter Gauweiler

Bayern, schont unsere Erben!

Lieber Peter!

Also wirklich! Alles was Recht ist! Das mit den Glühwürmchen war wirklich gemein. Wie kannst Du nur die ruhmreiche bayerische SPD, die so unheimlich stolz darauf ist, noch mehr Stimmen bekommen zu haben (18%), als die CSU verloren hat (17%), mit derart leichtgewichtigen Tierchen vergleichen!?

Noch dazu, wo sie jetzt bei der Besetzung des einzigen Staatsamtes, das sie noch besetzen darf, ihr Talent zur Nachwuchspflege bewiesen und einen Siebzigjährigen zum Landtagsvizepräsidenten gewählt hat. Das wird nicht nur dem demographischen Wandel gerecht, sondern gibt auch älteren Herren um die Sechzig, wie Dir und mir, völlig neue Zukunftsperspektiven: Wir müssen nur noch ein Jahrzehnt warten und könnten dann im Landtag nochmals starten!

Aber nein, Du blödelst respektlos mit Deinen Glühwürmchen herum. Das stimmt natürlich nachdenklich: Was will uns der Dichter damit sagen? Immerhin leuchten die Glühwürmchen ja, was man nicht von jedem Politiker behaupten kann. Und außerdem sieht man sie nur im Dunkeln, am besten in stockfinsterer Nacht. Findest Du Bayerns Lage nach der Wahl wirklich schon so schlimm, als ob die Nacht hereingebrochen wäre über unserem Heimatland?

Immerhin kannst Du doch dem Wahlergebnis auch wahrlich Gutes abgewinnen: Günther Beckstein ist „auf dem Weg ins Freie" und seine Frau kann wieder anziehen, was sie will. Da hast Du zweifellos ins Schwarze getroffen.

Freiheit für Franken! Ganz sicher bin ich mir allerdings nicht, ob man sich in der Metropolregion Nürnberg die ersehnte Emanzipation des Frankenvolkes so vorgestellt hat. Außerdem fragt man sich schon, ob dieser glückliche Zustand nicht auch mit weniger Aufwand zu erreichen gewesen wäre. Im Freistaat halten sich ja hartnäckig Gerüchte, wonach der frischgebackene Freigänger Günther Beckstein vor einem Jahr nicht ohne eigenes Zutun in der Staatskanzlei eingeschlossen wurde. Und außerdem soll der Dirndlzwang als oberstes Gattinnen-Gebot von der trachtigen Münchner Frauenunion erfunden und von lodenmanteltragenden Bezirksfürsten Deiner oberbayerischen Parteifreunde erlassen worden sein.

Dein Hauptanliegen in dieser Zeit der sozialen Verwerfungen ist aber der ungeschmälerte Genuss des Nachlasses durch bayerische Erben, die größere Vermögenswerte in den Schoß gelegt bekommen als anderswo, weil hierzulande beispielsweise schöne Villen viel teurer und folglich auch wertvoller sind, was Deiner Ansicht nach eine besondere Schutzwürdigkeit begründet. Das wird man in Niedersachsen und Schleswig-Holstein genauso gerne hören wie in bayerischen Mieterkreisen, die sich sogar ein ganzes Leben lang mit höheren Immobilienkosten herumschlagen müssen, ohne deshalb vom Finanzamt jemals geschont zu werden. Mieten sind halt Teil der privaten Lebensführung und interessieren den Steuergesetzgeber nicht. Aber Erben millionenschwerer Villen müssen gezielt geschützt werden, forderst Du. Sonst macht das Erben keinen Spaß mehr. Ob da die Botschaft des Wahlergebnisses wirklich angekommen ist? Zweifel sind angebracht.

Bei Firmen sehe ich die Lage allerdings anders. Hier geht es ja nicht nur um den Genuss der Erben, sondern um die Arbeitsplätze der Belegschaft. Es muss ein wirtschafts- und sozialpolitisches Ziel sein, die Arbeitsplätze zu erhalten und nicht durch Steuerlasten zu *gefährden. Deshalb habe ich schon vor etlichen Jahren dem bayerischen Wirtschaftsminister zugestimmt, als er bei einer Messeeröffnung anregte, die Erbschaftssteuer zehn Jahre lang zu stunden, wenn der Betrieb mit seinen Beschäftigungsverhältnissen fortgeführt wird; sukzessive solle Jahr für Jahr ein bestimmter Prozentsatz der Steuerschuld erlassen werden, bis sie nach einem Jahrzehnt getilgt ist. Das hat mir zum Groll mancher Parteifreunde eingeleuchtet. Obwohl man hier natürlich auch wieder streiten kann, warum bestimmte Vermögensformen anders behandelt werden sollen als andere. Aber einen gewichtigen Gesichtspunkt gibt es schon: Die Erhaltung von Arbeitsplätzen und mittelständischen Strukturen.*

Dass man Immobilienbesitz nicht durch unrealistisch niedrige Einheitswerte privilegieren darf, hat ja bekanntlich das Bundesverfassungsgericht so entschieden. Dem muss ebenso Rechnung getragen werden wie dem Gerechtigkeitsbedürfnis, nicht ausgerechnet die großen Erbschaften bei der Finanzierung großer Gemeinschaftsaufgaben außen vor zu lassen.

Im Klartext: Wir sollten durchaus auch die großen Vermögen heranziehen, wenn alle Berufstätigen selbstverständlich zur Kasse gebeten werden, wir sollten dabei aber Arbeitsplätze schützen und nicht Villenbesitz für besonders schonungsbedürftig erklären.

Herzlichst

Dein Christian Ude

Bordeaux statt Federweißer

Lieber Christian!

Wilde Zeiten! Trotzdem: Es freut mich riesig, wie Du Dich in Deinem letzten Brief bewegst. Christian Ude für Tilgung der Erbschaftsteuer bei Familienunternehmen – jedenfalls unter Umständen. Das ist ein wichtiger Schritt für die in Deutschland Steuern zahlende Menschheit. Versuch jetzt den nächsten Schritt und nimm jene Abgabenlast in den Blick, die den todesbedingten Übergang von selbstgenutztem Wohneigentum treffen soll. Damit wird weniger auf die „Erben millionenschwerer Villen" gezielt, sondern auf den gesamten Münchner Reihenhaus-Besitz zwischen Allach und Johanneskirchen, Freimann und Trudering. Diese Keule wird gegen alle verwendet.

Noch mal: Dass der Staat an der Familien-Katastrophe eines Todesfalls auch beim überlebenden Ehegatten und sogar bei unmündigen Kindern mitverdienen will, ist nicht moralisch, sondern eine Unverschämtheit. Ein gewisser Bertolt Brecht hat solches Staatsverständnis in dem Stück „Leben Eduards des Zweiten von England" vorausgesehen: „Zuweilen Wird Wahrheit unwahrscheinlich,

*und es ist Nie zu errechnen, auf welche Seit sich
wälzt Der Büffel Staat. Gut und moralisch Der
Platz, wo er sich nicht hinwälzt. Der Büffel
wälzte sich und fiel auf mich. Hätt ich Beweis,
was hülfe mir Beweis?" Vielleicht lassen wir beide
das Zitat schön setzen und hängen es in Deinem
Amtszimmer auf und in meiner Kanzlei. (Oder
noch besser: vor den Finanzämtern München I bis
IV.)*

*Der Büffel wälzte sich und fiel auf mich. Ich
weiß nicht, ob Erwin Huber diesen Text kennt:
Sie haben ihn gestern also in die finale Phase
getrieben. Als ob alle Schulden Bayerns auf
ihm lasten würden. Wie die SPD über Huber
hergefallen ist, obwohl er bei der Anschaffung
dieser gottverdammten „Asset Backed Securities"
durch die bayerische Landesbank noch gar
nicht im Amt war, und die um seinen Reinfall
versammelten Rothäute kein Sterbenswörtchen
gegen das Berliner Finanzministerium über
die Lippen gebracht haben, wo solche Derivate
propagiert und erleichtert wurden – Eichel!
Steinbrück!! Staatssekretär Asmussen!!! –, ist ein
bisschen sehr armselig. Merke: Kehr jeder vor der
eignen Tür, gleich sauber ist das Stadtquartier.*

*Deine Kritik an einer Vergabe des
Landtagsvizepräsidenten-Amtes an einen*

bestimmten Sozialdemokraten, weil über 70
alt, folge ich nicht. Nicht nur, weil Adenauer
erst mit 72 angefangen hatte. Ich kenne diesen
Euren Amtsinhaber – Peter Paul Gantzer.
Logischerweise nicht als Genossen, aber seit 35
Jahren als wirklich guten Typen. Buchschreiber,
erfolgreicher Jurist, Afrika-Fahrer, extremer
Fallschirmspringer.

Die Sache mit der SPD war ihm schon damals
nicht auszureden. Ich kannte ihn schon mit seiner
ersten Frau, einer sehr schönen Spanierin, die bei
einer hochdramatischen Expedition ums Leben
kam, irgendwo im Dschungel. Eine Geschichte
wie in „Jenseits von Afrika" über Tanja Blixen
und Denys Finch Hatton. Eine der besten SPD
Versammlungen meines Lebens war mit dem über
80-jährigen Wilhelm Hoegner (übrigens von Dir
organisiert, im Münchner Löwenbräukeller, für
den Wahlkampf Max von Heckel gegen Erich
Kiesl, den wir gewonnen haben).

Der Altministerpräsident und „Vater der
Bayerischen Verfassung" Hoegner war fast blind
und musste wie der griechische Seher Teiresias ans
Rednerpult geführt werden. Als er zu sprechen
begonnen hatte, war mir sofort klar, dass dieser
alte Löwe uns jüngeren weit überlegen war
und von ihm Gefahr drohte (wenn ihn seine

*Leute in den Jahren davor mehr eingesetzt
hätten). Nicht nur wegen seiner Sprachkraft,
sondern wegen seiner Haltung. Vor einiger
Zeit hatten mein MdB-Kollege Willy Wimmer
und ich vorgeschlagen, den Altkanzler Helmut
Schmidt für die Afghanistan-Debatte in den
Auswärtigen Ausschuss des Bundestags zu laden.
Dies wurde – obwohl Schmidt schon Zustimmung
zu unserem Vorschlag signalisiert hatte – vom
Parlamentsestablishment der Großen Koalition
kunstvoll verhindert. Sie wussten, warum. Die
Republik braucht auch Ältesten-Rat. Bordeaux
statt Federweißen. Wenigstens ab und zu.*

So long.

Dein Peter Gauweiler

Von jungen Erben und großen Alten

Lieber Peter,

jetzt übertreibst Du aber wirklich!

Du nennst es eine „Unverschämtheit", dass der Staat im Erbfall „mitverdienen" will. Und dafür bemühst Du dann auch noch ausgerechnet Bert Brecht als Kronzeugen, der zwar tatsächlich ausufernde Staatsmacht kritisierte, aber dabei ganz bestimmt nicht die Absicht verfolgte, die Reichen immer reicher und die Armen nur zahlreicher werden zu lassen.

Im Ernst: Was soll denn „unmoralisch" daran sein, wenn nicht nur Berufstätigen ein Teil ihres Einkommens abverlangt wird, um die zahlreichen Aufgaben der Gemeinschaft mitzufinanzieren, sondern auch den glücklichen Erben großer Vermögen?

Es kann Dir doch nicht entgangen sein, wie dramatisch gerade in Deutschland die soziale Spaltung zunimmt und wie sich immer mehr Vermögen in immer weniger Familien ansammelt. Soll dieser Prozess etwa – über die bisherigen Steuergeschenke für Besserverdienende

28

und soziale Kürzungen bei Bedürftigen hinaus –
noch mehr von Staats wegen beschleunigt werden?

In einigen Äußerungen zur weltweiten
Finanzkrise hast auch Du kritische Kommentare
abgegeben, wie manche Bankvorstände zu
Reichtum gelangten und selbst gescheiterte
Spitzenmanager den Abschied von Unternehmen
mit millionenschweren Abfindungen vergoldet
bekamen. Wieso soll es ein Gebot der
Gerechtigkeit sein, dass auch noch die Erben vom
Staat verschont werden, während die Lasten
jeder wirtschaftlichen Krise selbstverständlich die
Mehrheit der Durchschnittsverdiener und alle
wirtschaftlich Schwächeren beuteln?

Ich will hier ja eigentlich keine
klassenkämpferischen Töne anschlagen und
weiß genau, dass viele Eigenheime und
Doppelhaushälften mühsam angespart wurden.
Aber dem tragen die hohen Freibeträge der
Gesetzentwürfe doch auch Rechnung! Und wer
das Glück hat, so viel Immobilienbesitz ohne
eigenes Zutun in den Schoß gelegt zu bekommen,
dass die für viele Durchschnittsverdiener
unvorstellbar hohen Freibeträge überschritten
werden, der sollte sich doch auch in der Lage
sehen, einen Beitrag fürs Gemeinwohl zu leisten.

Ich bin ja mal wirklich gespannt, ob sich Euer neuer Retter aus der Not und viel gepriesener Heilsbringer Horst Seehofer nach seinen Profilierungsjahren als Rächer der Enterbten und Robin Hood der kleinen Leute jetzt tatsächlich als Schutzpatron der Millionenerben hervortun will. Als Sozialdemokrat halte ich es da mit dem mittlerweile von Dir genauso verehrten Wilhelm Hoegner, der die klassische Formulierung prägte, man dürfe die fetten Hammel nicht schonen, wenn die armen Schafe geschoren werden.

Aber Hoegner hast Du ja in einem anderen Zusammenhang bemüht, als Beispiel für Altersweisheit im politischen Betrieb. Ich stimme Dir voll zu, dass es eindrucksvolle Beispiele dafür gibt, wie viel erfahrene politische Persönlichkeiten noch zu sagen und an Erfahrung einzubringen haben, das ist doch völlig unbestritten.

Das Münchner Publikum hat eben erst Altbundespräsident Richard von Weizsäcker und Altbundeskanzler Helmut Schmidt im Münchner Volkstheater (!) regelrecht gefeiert. Ähnlich eindrucksvolle Auftritte haben die Münchner Ehrenbürger Hildegard Hamm-Brücher und Hans-Jochen Vogel am laufenden Band. Solche Autoritäten sind ein Glücksfall für eine aktuell ziemlich orientierungslos wirkende Gesellschaft.

*Aber darum ging es doch in meinem letzten Brief
überhaupt nicht, auch nicht um die Verdienste des
sozialdemokratischen Landtagsvizepräsidenten,
die mir seit langem vertraut sind und die ich stets
respektieren werde. Meine Frage war nur, ob die
Bayern-SPD wirklich gut beraten ist, bei dem
einzigen staatlichen Amt, das sie besetzen darf,
auf Verdienste und Erfahrung zu setzen, nicht
aber auf Verjüngung.*

*Wie heißt es so schön in Eurer Partei? Das
Kabinett müsse jünger und weiblicher werden!
Das ist doch auch nicht als Geringschätzung
großer Lebensleistungen gemeint! Aber ich bin
halt dagegen, dass Ihr uns ausgerechnet bei diesen
Themen plötzlich überholt!*

Nix für ungut!

Dein Christian Ude

Freiheit oder Globalisierung

Lieber Christian Ude!

Wir können zusammen nicht kommen, das Wasser ist doch noch zu tief. Jedenfalls in Sachen Erbschaftsteuer.

Wer die Kuh melken will, darf sie nicht aus dem Stall vertreiben. Vor allem nicht, wenn die Stalltür offen ist und die Weiden keine Zäune mehr haben. Du weißt selbst, dass es in Österreich überhaupt keine Erbschaftsteuer mehr gibt, weil die dortige Große Koalition aus SPÖ und ÖVP diese Steuer total abgeschafft hat, weil sie für die Deckung des staatlichen Finanzbedarfs ungeeignet ist. So sollte es auch bei uns sein.

Welchen Sinn machen „Konjunkturprogramme", wenn quasi im gleichen Atemzug die Familienunternehmen, die doch das Rückgrat unserer Wirtschaft bilden, auch noch mit einer Sondersteuer von Todes wegen bedrängt werden, selbst wenn sie von der nächsten Generation weitergeführt werden.

Familienunternehmer bekommen in der Pleite keine Boni, sondern zahlen mit dem Risiko der persönlichen Insolvenz. Das unterscheidet

*sie von Managern, die sich rechtzeitig aus
dem Staub machen können und dafür auch
noch fette Abfindungen kassieren. In deren
unerlaubtem Rollentausch vom Gutsverwalter
zum (eingebildeten) Gutsherrn liegt der Hase im
Pfeffer. Der Strafsenat des Bundesgerichtshofs
hatte dies im Untreue-Fall Josef Ackermann
wg. unerlaubter Mannesmann-„Prämien"
ausdrücklich so beim Namen genannt.*

*Man kann heute, nach den Erfahrungen des 20.
Jahrhunderts, nicht einfach nur mehr „Rechts"
oder „Links" sein, sondern sollte immer auch
das jeweilige Gegenteil durchdenken können
und im Kopf haben. Diese internationalen,
anonymen Finanzkollektive haben sich zum
krassen Gegenteil des persönlich verantworteten
Unternehmertums entwickelt, von dessen
Dynamik unsere Gesellschaft gut gelebt hat und
immer noch lebt. Allen Gewerkschaftsfreunden
sei gesagt: Die hiesigen Familienunternehmer
sind kurz- und langfristig bessere Bundesgenossen
auch für die im DGB organisierten Arbeitnehmer
als irgendwelche Investment-Manager in New
York, Tokio oder Helsinki.*

*Die internationale Finanzkrise hat doch
gezeigt, dass es bei den mit fremdem Geld
agierenden Finanz-Kollektiven zu wenig*

Verantwortungsgefühl gibt. In Deutschland
wurde jedenfalls bis heute nicht auch nur ein
„Täter" der internationalen Kettenbrief-Aktion
namens Subprime-Handel dingfest gemacht.
Der Eigentumsschutz des Grundgesetzes – so
der langjährige Bundesverfassungsrichter Paul
Kirchhof – ist heute durch die Anonymität
der Publikumskapitalgesellschaften und der
globalen Finanzmärkte bedroht. Die Wirkung
der eingesetzten Kapitalmacht wird nur noch
von anonymen Finanzfonds und deshalb von
niemandem mehr persönlich verantwortet.
Wir müssen über eine neue Gegenüberstellung
nachdenken: Freiheit oder Globalisierung –
Freiheit oder Kollektivismus.

Unsere Parteien haben die Aufgabe, mitzuhelfen,
das Verantwortungseigentum in den Staaten
der westlichen Welt wieder zu beleben, das
in den letzten Jahren durch bindungsloses
„Investmentbanking" verdrängt worden ist. Die
Bundesregierung muss dazu der Schutzfunktion
unserer nationalen Gesetze wieder Geltung
verschaffen. Diese können durch globale Regeln
ergänzt, aber niemals ersetzt werden. Die
nationalen Institutionen der Demokratie sind
doch nicht abgeschafft! Manchmal hat man
den Eindruck, dass alle Energie aus ihnen

entwichen ist. Würde die Frage, ob die westlichen parlamentarischen Demokratien in ihrem Inneren noch zu grundlegenden Reformen fähig sind, nur negativ beantwortet, wären die europäischen Gesellschaften in größter Gefahr.

Ich hielte es deshalb auch für richtig, im Bundestag via Untersuchungsausschuss die Bankaufsicht und ihr Tun und Lassen in Deutschland in den vergangenen Jahren gründlichst unter die Lupe zu nehmen. Welchen Sinn hat es denn, im bayerischen Landtag großartig parlamentarisch zu untersuchen, ob Erwin Huber Dienstag nachmittags oder Mittwoch früh von den Landesbank-Verlusten erfahren hat – die Tatsache aber unbeachtet zu lassen, dass deutschlandweit internationale Großbanken vor aller Augen – also auch vor den Augen der Bankenaufsicht – staatlichen Beteiligungsbanken wertlose Derivate in Milliardenhöhe andrehen und verkaufen konnten?

Herzlichst

Dein Peter Gauweiler

P.S. Letzte Woche war ich beim Papst. Er hat für die Sünder gebetet. Also auch für uns beide!

13. November 2008

Willkommen im Club!

*Moment mal: Gemogelt wird nicht! Du
tust ja so in Deiner Kolumne „Freiheit oder
Globalisierung", als ob ausgerechnet Du
ausgerechnet mir beibringen müsstest, welche
Risiken der aktuelle Turbo-Kapitalismus in sich
birgt, wie verantwortungslos internationale
Kapitalgesellschaften und anonyme Finanzfonds
agieren. Das hätte es ja wohl wirklich nicht
gebraucht. Da rennst Du schwungvoll offene
Türen ein.*

*Wer hat denn ein bayerisches Traditions-
unternehmen wie die von Oskar von Miller
höchstpersönlich gegründeten Bayernwerke, die
einmal das viertgrößte Energieunternehmen
der Bundesrepublik waren, an eine global
spielende anonyme Kapitalgesellschaft verkauft,
fasziniert von der Parole „Privat vor Staat"?
Es war Deine Partei, der Du jetzt – nach der
Finanzmarktkrise – ein kapitalismuskritisches
Mäntelchen umhängen möchtest.*

*In den letzten Jahren habe ich stets
die guten alten Sparkassen mit ihrer
regionalen Verankerung verteidigt gegen die
Übernahmegelüste privater Geschäftsbanken, die
sich den öffentlich-rechtlichen Bankensektor gerne*

einverleibt hätten, um sich von diesem Podest aus noch schwungvoller in weltweite Finanzabenteuer stürzen zu können. Die Münchner Stadtsparkasse konnte im letzten Jahr, in dem schmerzhafte Rückschläge angeblich unvermeidbar waren, das beste Geschäftsergebnis ihrer über hundertjährigen Unternehmensgeschichte erzielen. Unser Vorstandsvorsitzender Harald Strötgen fand dafür die hübsche Erklärung, dass man halt nur Finanzprodukte erwerbe, die man auch selber verstehen könne. Da brauchen wir wahrlich keine Belehrung über die Risiken von unüberschaubaren Spekulationsgeschäften.

War es nicht der alte und neue SPD-Vorsitzende Franz Müntefering, der die größten Abenteurer der internationalen Finanzmärkte und die skrupellos vorgehenden Betriebsausschlachter unter den Hedgefonds als „Heuschrecken" kritisierte, was wiederum alle Kräfte, die Du gerne als „bürgerliches Lager" bezeichnest, entrüstet und empört hat? Bis zum offenen Ausbruch der Finanzkrise galt doch jedes kritische Wort über Profitgier und Spekulationsblasen als Sündenfall wider die Marktwirtschaft.

Was die Macht multinationaler Konzerne betrifft, die als anonyme Kapitalgesellschaften über das Schicksal ganzer Regionen entscheiden, *ohne irgendeine demokratische Legitimation zu besitzen, kann ich darauf verweisen, dies schon als Student ebenso nachhaltig wie erfolglos kritisiert zu haben. In all diesen Fragen brauchst Du mich – auch nach Deinem Papstbesuch – gar nicht mehr „katholisch zu machen". Eher könnte ich Dir kumpelhaft zurufen: Willkommen im Club!*

Allerdings gehst Du anschließend für meinen Geschmack schon entschieden zu weit, wenn Du nicht nur staatliche Strategien zur Bändigung des von Helmut Schmidt sogenannten „Raubtier-Kapitalismus" verlangst, sondern ganz allgemein Globalisierung und Freiheit in einen unversöhnlichen Gegensatz stellst – und das mitten in der Export-Stadt München.

Ohne den Austausch von Gütern und Dienstleistungen zwischen verschiedenen Ländern, ja Kontinenten, würde unsere Wirtschaft zusammenkrachen, so dass selbst die schrecklichen Auswirkungen der Finanzkrise dahinter verblassen würden. Also mach doch bitte „Globalisierung" nicht zum Schimpfwort, Du brauchst sie ja nicht kritiklos zu bejubeln und zum Maßstab aller Dinge zu machen, wie Edmund Stoiber dies seine 15 Amtsjahre lang getan hat.

Aber es gilt, der globalisierten Weltwirtschaft, die nicht von allein nur gute Wirkungen entfaltet, soziale und ökologische Standards aufzuerlegen, im vollen Wortsinn verantwortungslosen Spekulanten und Finanzabenteurern das Handwerk zu legen und nachhaltiges Wirtschaften durchzusetzen. Darum geht es und nicht um die Verteufelung der Globalisierung, die übrigens schon vor gut einem Jahrhundert begonnen hat, wie deutsche Niederlassungen in New York, Kapstadt und Shanghai voller Stolz zu berichten wissen.

Ich weiß, dass die Globalisierung, wie sie zurzeit läuft, vielen Menschen Angst macht, weil sie bei uns verschiedentlich mit Sozial-Dumping einhergeht und in Ländern der Dritten Welt mit dem Ruin der heimischen Landwirtschaft durch subventionierte Agrarprodukte aus den reichen Industrieländern. Aber solche Missstände müssen mit einem Kampf gegen Sozial-Dumping und für faire Agrarpolitik bekämpft werden und nicht mit der Dämonisierung globaler Ökonomie. Lass Dir das mal vom Bürgermeister einer Export-Stadt sagen!

Herzlichst

Dein Christian Ude

20. November 2008

Willkommen im Club!

Lieber Christian,

*es tut mir furchtbar leid, dass Du meine
Gegenüberstellung „Freiheit oder Globalisierung"
so schockierend findest, und natürlich hast
Du mit Deinem Lob der Exportwirtschaft
völlig Recht. Ich weiß, dass Du damit nicht
den Export der Münchner Arbeitsplätze von
Siemens Hofmannstraße nach Rumänien
oder Taiwan gemeint hast. Ich denke nur, wir
haben mit der totalen Grenzöffnung und dem
Hin- und Hertransportieren von Gütern und
Dienstleistungen irgendwann des Guten zu
viel getan. Ich bin kein so guter Sozialist wie
Du, aber mir ist schleierhaft, wie man unsere
Sozialstandards halten soll, wenn Produkte
aus Sklaven- oder zumindest Kinderarbeit
auf Dauer und faktisch gleichberechtigt mit
den Waren aus unserer sozialen und humanen
Arbeitswelt konkurrieren dürfen. Das wird nicht
zu halten sein, weil das Billigste auf der Welt
die menschliche Arbeitskraft ist, wenn man sie
global anzapfen kann. Darüber haben klügere
Köpfe wie wir beide nachgedacht, aber ganz
ohne die Wiederherstellung der Schutzfunktion
von Grenzen wird es mit einer Gegenstrategie*

nicht gehen. Vor allem nicht für die vielzitierten kleinen Leute.

Dass Du in Sachen Bankenkrise die Münchner Stadtsparkasse lobst, weil diese sich von den Subprime-Papieren ferngehalten hat, ist völlig richtig. Auf Deine Berliner Parteifreunde kann die Münchner Sparkasse dabei aber nicht gehört haben. Das von der rot-grünen Schröder/Fischer-Regierung beschlossene „Investmentgesetz" vom 15. Dezember 2003 wurde ja ausdrücklich für die Förderung der Hedgefonds geschaffen. Die amtliche Gesetzesbegründung von damals lautete: „Die Hedgefonds-Branche scheint sich zu einer Branche entwickelt zu haben, die sich der mit Hedgefonds verbundenen Risiken bewusst ist und mit ihnen verantwortungsvoll umgeht. Es darf daher erwartet werden, dass die vom Gesetzgeber vorgesehenen Freiräume nicht missbraucht werden."

Das Ergebnis ist bekannt, und der wichtigste Berater von Finanzminister Steinbrück, Ministerialdirektor Asmussen, hat sich noch im Jahr 2006 in einem großen Aufsatz in der Zeitschrift für das gesamte Kreditwesen (vom 26.09.2006) nochmals für weitere behördliche Erleichterungen der True Sales (Verkauf von Forderungen), wozu ausdrücklich auch die verhängnisvollen Subprime-Papiere gehörten, eingesetzt. Der Mann ist heute – auch noch als Belohnung für seine zusätzliche Aufsichtsrats-Tätigkeit in der IKB und im Verwaltungsrat der Bankaufsicht – Staatssekretär im Bundesfinanzministerium.

Ich bin mir sicher, dass Du irgendeine vergleichbare schwarze Karriere auch beschreiben kannst. Aber wenn wir nicht nur Wortkrämer sein wollen, müssen wir von unseren Großparteien Aufklärung fordern, was sie die destruktiven Kräfte der Finanzmärkte in Deutschland haben anrichten lassen und wie die Welt in den letzten Wochen an den Rand des ökonomischen Ruins gebracht werden konnte. Jetzt sagt selbst die Deutsche Bank, dass die staatliche Bankenaufsicht härter werden müsse, und ihrem Vorstandskrokodil Ackermann tropfen dabei die Tränen. Aber dass – nach allem, was geschehen ist – unsere beiden obersten Bankaufseher, die Chefs von Bundesbank und Bundesagentur für Finanzdienstleistungen, die Herren Axel Weber und Jochen Sanio, nach wie vor im Amt sind und sich weiter durch „tagesschau" und „heute-journal" lächeln, als wäre nichts geschehen, ist ein starkes Stück. Und weil jeder weiß, dass Sanio und Weber bei den

Kaziken von Rot und Schwarz perfekt vernetzt sind, ist der Vorgang auch eine Schmach für die Große Koalition. Deshalb hatte ich Dir dazu geschrieben, was Dich scheinbar ein bisschen irritiert hat („... ausgerechnet Du ausgerechnet mir...“). Letztlich ist diese Zusammenarbeit von SPD und Union doch auch unsere Veranstaltung! Und Du bist der bekannteste Kommunalpolitiker der SPD in Deutschland. Und ich soll als Abgeordneter das ganze deutsche Volk vertreten.

Das war jetzt zum Schluss ein bisschen viel Gesülze, aber ich kann es nicht besser ausdrücken.

Bis zum nächsten Mal

Dein Peter Gauweiler

Endlich politisch gestalten!

Lieber Peter,

nun scheint sie also endlich aufzugehen, die Rechnung des Chefredakteurs dieser Zeitung, ein Briefwechsel zwischen uns beiden werde nicht nur altbekannte Parteiparolen rezitieren, sondern auch mal neue Ansätze bringen und den jeweils eigenen Laden kritisch durchleuchten.

Du hast ja durchaus Recht, wenn Du daran erinnerst, dass leider sehr maßgebliche Leute in der SPD und in der rot-grünen Bundesregierung den neoliberalen Heilslehren verfallen waren und gar nicht genug Macht für die Finanzmärkte und Freiräume für Hedgefonds fordern konnten. Wenn Du gleichzeitig nicht verschweigst, dass diese Heilslehren bei den Unionsparteien zeitweise sogar den Rang von Dogmen hatten, an denen nur einzelne Senioren wie Norbert Blüm und Heiner Geißler rütteln durften, ist der Hinweis auf rote Sünder voll berechtigt.

Aber entscheidend ist jetzt doch die Frage: Was tun? Du mokierst Dich ja mit vollem Recht darüber, dass das Deutsche-Bank-Vorstandskrokodil Ackermann unter Tränen nach schärferer staatlicher Bankenkontrolle ruft

*(Glückwunsch, eine herrliche Formulierung!),
aber richtig ist dieser Ruf gleichwohl. Mehr noch:
Er ist die viel zu späte Abkehr von der mehr
als ein Jahrzehnt lang verkündeten Lehre, die
Finanzmärkte wüssten alles besser und der Staat
könne nur zum Gelingen der Veranstaltung
beitragen, indem er sich aus allem zurückzieht ...*

*Halten wir also fest: Scharfe Kontrollen von
Geldinstituten wie auch von „innovativen
Finanzprodukten" sind schon mal eine
unverzichtbare Konsequenz. Aber mit Sicherheit
keine ausreichende.*

*Der Zorn der Bevölkerung richtet sich gerade
angesichts der gigantischen Scherbenhaufen
auch auf die groteske Über-Dotierung des
Spitzenmanagements, bei gleichzeitigem
Sozialdumping im unteren Lohnbereich.
Warum also nicht den „Nieten in Nadelstreifen"
Grenzen beim Jahresverdienst setzen und die
unteren Einkommensgruppen mit gesetzlich
vorgeschriebenen Mindestlöhnen vor allzu
dreister Ausbeutung schützen? Es will mir
nicht in den Kopf, warum unter Berufung auf
marktwirtschaftliche Erfordernisse ein Verbot der
Exzesse blockiert wird, obwohl Marktwirtschaft
doch nichts mit Exzessen zu tun hat?!*

Du sprichst das Lohndumping durchaus kritisch an, führst es aber nur auf die Öffnung der Grenzen zurück, die jetzt auch Produkte aus Sklaven- oder Kinderarbeit auf unseren Märkten erlaube. In der Tat sind Textilien und Spielsachen aus Fernost nur wegen Hungerlöhnen so billig und Dumping-Preise oft nur mit brutaler Ausbeutung von Kindern zu erklären. Aber wäre die Schließung der Grenzen für Güter und Dienstleistungen wirklich eine Lösung? Würde sie Kinderarbeit in Steinbrüchen und Färbereien beenden und unsere Arbeitsplätze sicherer machen?

Ich antworte nur mit Zahlen. Der Exportanteil der Münchner Betriebe liegt bei 66,6%, bezogen auf ihre Gesamtumsätze. Die Exportquote Bayerns liegt bei 49,6%. Die Staatsregierung Bayerns hat es treffend auf den Punkt gebracht: „Jeder zweite Arbeitsplatz in der Industrie hängt vom Auslandsgeschäft ab." In München sind es sogar zwei Drittel! Vor allem im Maschinen- und Fahrzeugbau, bei elektrotechnischen und chemischen Erzeugnissen. Und die größten Zuwächse erlebt die bayerische Wirtschaft bei Lieferungen in die tschechische Republik (über 12%), nach Polen (fast 18%) und nach Russland (fast 30%). Exporte ins boomende China legten sogar um mehr als 30% zu. Offenbar sind auch Billiglohnländer auf Produkte von qualifizierten und besser bezahlten Arbeitskräften angewiesen!

„Schlagbaum runter" scheint mir – bei allem Verständnis für die Angst vor jedweder Billigkonkurrenz – kein erfolgversprechendes Rezept zu sein; eine protektionistische Schließung der Grenzen gerade zu diesen Ländern würde uns doch im Gegenteil gerade die besonderen Wachstumsmärkte vorenthalten – mit Gefahren für den Arbeitsmarkt, hinter denen die Risiken durch einreisende Arbeitskräfte wahrlich verblassen. Hingegen macht es Sinn, zunächst einmal in Europa und dann auch bei entfernteren Handelspartnern Sozialstandards durchzusetzen. Zum Beispiel gesetzliche Mindestlöhne, die es in den meisten EU-Ländern schon gibt! Oder eine Absage an Produkte aus Kinderarbeit, wie sie viele deutsche Städte schon beschlossen haben. München beispielsweise kauft keine Erzeugnisse aus ausbeuterischer Kinderarbeit und fordert dies rechtlich zwingend auch von seinen Vertragspartnern.

*Die Wiederentdeckung der Politik, die wir
in diesen Wochen erleben, sollte nicht nur auf
den internationalen Finanzmärkten, sondern
auch auf den Arbeitsmärkten zur Gestaltung
der Verhältnisse genutzt werden, nicht zur
Behinderung des Exports.*

Dein Christian Ude

Die Kunst des Möglichen

Lieber Christian,

„die Wiederentdeckung der Politik ... auch auf den Arbeitsmärkten ... zur Gestaltung der Verhältnisse" – also schreibt Christian Ude. Wiederentdeckung der Politik heißt Wiederentdeckung der Kunst des Möglichen. Und als Möglichkeit schlägst Du den viel diskutierten gesetzlichen Mindestlohn für unseren Arbeitsmarkt vor.

Gesetzlicher Mindestlohn ist etwas anderes als die Unzulässigkeit von Lohnwucher, der sowieso verboten ist. Wer zum Stichwort Mindestlohn reflexmäßig nur nein sagt, hat nichts von Adam Smith gelesen, dem Begründer der klassischen Volkswirtschaftslehre (1776): „Der Mensch ist darauf angewiesen, von seiner Arbeit zu leben, und sein Lohn muss mindestens so hoch sein, dass er davon existieren kann. Meistens muss er sogar noch höher sein, da es dem Arbeiter sonst nicht möglich wäre, eine Familie zu gründen."

Und unsere schöne Bayerische Verfassung bestimmt in ihrem Artikel 169 sogar: „Für jeden Berufszweig können Mindestlöhne festgesetzt werden, die dem Arbeitnehmer eine den jeweiligen kulturellen Verhältnissen entsprechende Mindestlebenshaltung für sich und seine Familie ermöglichen." Wieder auf der anderen Seite kann man „von einem Mindestlohn, den man nicht bekommt, nicht leben", womit Hans-Werner Sinn, Präsident des ifo-Instituts, seine Skepsis begründet.

Skeptisch ist auch der Sachverständigenrat der derzeitigen Bundesregierung, der von einem gesetzlichen Mindestlohn „negative Beschäftigungseffekte" befürchtet. Also: Abbau von Jobs. Weil den Unternehmer der Mindestlohn-Arbeitsplatz möglicherweise mehr kostet, als er ihm bringt. Befürchtet wird auch, dass ein absolutes Ja zum gesetzlich verordneten Mindestlohn in Deutschland angesichts des weltweiten Überangebotes an Arbeitskräften einen neuen Zuwanderungsmagneten aufstellen und damit die hiesigen Arbeitgeber gerade im Niedriglohnbereich nicht entlastet, sondern weiter unter Druck setzen würde.

Sinnlos wäre die Sache auch dann, wenn nicht verhindert würde, dass die Arbeitnehmer aus den osteuropäischen Ländern in die Staaten mit den höchsten Mindestlöhnen drängen. Zum Schutz unserer Volkswirtschaften und Arbeitsplätze vor dem ausländischen Sozial- und Lohndumping *sollte deshalb die Arbeitnehmerfreizügigkeit mit den osteuropäischen Beitrittsländern über die aktuelle Befristung, also über 2009 hinaus, weiter verschoben werden.*

Euer Seeheimer Kreis hat in seinem Positionspapier für das Wahlkampfprogramm der SPD jüngst Mindestlöhne übrigens ziemlich differenziert-skeptisch beurteilt: „Mit Augenmaß ... da sonst Arbeitsplätze vernichtet". Ein allgemeiner Mindestlohn muss vor ausländischer Billigkonkurrenz schützen – sind wir uns da einig? Bei der Forderung nach Mindestlohn spielt doch diese zweite Motivation eine Rolle. Der Schutz von Arbeitnehmern mit Lebensmittelpunkt in Deutschland vor der Konkurrenz von Arbeitnehmern aus Ländern mit deutlich niedrigerem Lohnniveau, die nach dem Wegfall der hiervor schützenden Grenzen zu deutlich niedrigeren Bedingungen auch in Deutschland arbeiten können.

Dieses Problem hat ja Freund Lafontaine gesehen, als er auf die Problematik der „travailleur immigré" hinwies (das deutsche Wort „Fremdarbeiter" klingt natürlich katastrophal, aber seine Verwendung durch den früheren SPD-Bundesvorsitzenden war kein Ausdruck von verkapptem Nazitum).

*Großkoalitionär wollen wir derzeit die
Schutzfunktion nach der weitgehenden Öffnung
der Außengrenzen Deutschlands durch das
Arbeitnehmer-Entsendegesetz gewährleisten.
Das heißt, in bestimmten Branchen Festlegung
von Mindeststandards für Arbeitsbedingungen,
die dann auch für Arbeitnehmer gelten, die
von im Ausland ansässigen Arbeitgebern
zur grenzüberschreitenden Erbringung von
Dienstleistungen, insbesondere in bestimmten
Branchen, z.B. im Baugewerbe, nach
Deutschland entsandt werden.*

*Daneben bietet das Gesetz aber auch eine
rechtliche Möglichkeit, über die Gruppe der aus
dem Ausland entsandten Arbeitnehmer hinaus
auch für alle im Inland tätigen Arbeitnehmer
Mindestarbeitsbedingungen zur Geltung zu
bringen. Das bringt etwas, aber offen gesagt noch
nicht viel. Eine wirkliche Wiederentdeckung von
politischer Gestaltung durch unsere Parteien ist
das noch nicht.*

Dein Peter Gauweiler

Seid verschlungen, Milliarden!

Lieber Peter,

beim Mindestlohn, der natürlich nur ein einzelner Beitrag zur besseren Gestaltung der Verhältnisse sein kann, haben wir uns ja schon so stark aneinander angenähert, dass es nur mit vorweihnachtlicher Stimmung oder beginnender Altersmilde zu erklären ist (ausnahmsweise wäre mir da die jahreszeitliche Erklärung lieber).

Selbstverständlich hilft gesetzlicher Mindestlohn nur weiter, wenn er auch bezahlt wird, also die angepeilten Arbeitsplätze nicht beseitigt. Und ebenso selbstverständlich müssen wir den inländischen Arbeitsmarkt vor Billiglöhnern aus dem Ausland schützen, wenn insgesamt ein erträgliches Lohnniveau gehalten werden soll. Kein Widerspruch!

Konkurrenz der anderen europäischen Staaten brauchen wir ja nicht zu fürchten, da sie den Mindestlohn längst eingeführt haben. Und ihre gute Beschäftigungslage beweist auch unwiderleglich, dass Mindestlohn kein Job-Killer sein muss, wobei die Einschränkung „mit Augenmaß" schon richtig ist: Nicht derjenige ist der beste Mensch, der den höchsten Stundensatz

*fordert, auch wenn es sich manche so einfach
machen möchten. Es gilt, soziale Gebote und
marktwirtschaftliche Gesetzmäßigkeiten in
Einklang zu bringen, aber darüber sind wir gar
nicht im Streit.*

*Deshalb ein anderes Thema, das mir buchstäblich
den Atem verschlägt: Der Zahlenrausch, der
offensichtlich der gesamten politischen Klasse,
aber auch den geschätzten Journalistenkollegen
gegenwärtig die Sinne vernebelt. Es ist erst
wenige Wochen her, dass wir alle eine Million
Euro noch für einen stattlichen Geldbetrag
gehalten haben. Inzwischen wirft jeder Statist
der Berliner Szene mit Milliarden um sich, dass
es eine wahre Pracht ist. Offenbar kommt man
ohne milliardenschwere Vorschläge gar nicht
mehr in die Presse. Wenn man gleich mehrfach
Milliarden fordert, darf man sogar des Beifalls
der Medien sicher sein, die sich kindlich freuen,
dass da endlich einer den Ernst der Krise erkannt
hat und alle Register zur Ankurbelung der
Wirtschaft zieht.*

*Am selben Tag, an dem das Bundesverfassungs-
gericht (mit einer durchaus überzeugenden
Begründung) Milliarden an Steuergeldern
den Pendlern zurückzahlen lässt, fordert
der bayerische Ministerpräsident, nachdem*

er 10 Milliarden an Landesmitteln für die Abschirmung der Landesbank zur Verfügung gestellt hat, milliardenschwere Steuergeschenke, derweil verschiedenste Parteifreunde Milliarden für ihr Ressort fordern. Seid verschlungen, Milliarden!

Die SPD will da nicht hintanstehen. Der Vorschlag, Milliarden mit Gutscheinen für jedermann unter die Leute zu bringen, soll wohl nicht nur die vorweihnachtliche Laune, sondern auch die Wahlchancen in Hessen und im Saarland heben, wo man sich besonders weit aus dem Fenster lehnte, um nicht vorhandene Staatsgelder herunterregnen zu lassen.

Alle miteinander werden von der Wahnidee getrieben: Wenn wir die Milliarden, die wir der Bankenwelt zur Verfügung stellen mussten, in Wahrheit gar nicht haben, dann können wir sie doch getrost noch einmal für Steuergeschenke, Geschenkgutscheine und Investitionsprogramme ausgeben! Es ist genau diese abgrundtiefe Seriosität, die zur Bankenkrise und dem Zusammenbruch großer Geldinstitute geführt hat. Warum fragt eigentlich keiner, welcher Vorschlag wie finanziert werden soll? Es ist gar nicht lange her, da hörte ich im ehrwürdigen Bundesverfassungsgericht zu Karlsruhe erhabene

*Vorträge seines Präsidenten und namhafter
Wissenschaftler, wonach das Krebsübel unserer
Zeit die öffentliche Verschuldung sei, mit der
wir den Staat in künftigen Haushaltsjahren
strangulieren und unsere Enkel um
Zukunftschancen betrügen, weil sie unter
öffentlicher Schuldenlast zusammenbrechen
werden.*

*Seitdem sind die öffentlichen Schulden
kräftig weiter gestiegen – und das
Bundesverfassungsgericht verteilt
Milliarden mit der hübschen Begründung,
Haushaltskonsolidierung sei kein maßgebliches
Kriterium. Derweil fordern die Wissenschaftler,
nach angloamerikanischem Beispiel die
Staatseinnahmen zu senken und Füllhörner
auszuschütten. Auch Festvorträge in Karlsruhe
haben nur eine geringe Haltbarkeitsdauer.*

*Damit ich nicht missverstanden werde: Ich bin
durchaus für große Investitionsprogramme, aber
nur, wenn sie dringende Aufgaben erfüllen und
wirtschaftlich wie auch ökologisch Sinn machen.
Energetische Gebäudesanierung zum Beispiel.
Da ist kein Euro verschwendet, sondern jeder
gut angelegt für den Klimaschutz – und rentabel
ist dies auf Dauer auch noch, weil es Heizkosten
spart. Genauso sind Investitionen in die Bildung*

und in den Schienenverkehr ohnehin nötig und langfristig rentierlich. Lass uns doch versuchen, im Gewirr der Milliardenversprechen Vernunft durchzusetzen.

Dein Christian

Gruß an die Schwabinger Rothaut

Lieber Christian,

Du schreibst über die Verrücktheiten immer neuer Milliarden-Programme: „Inzwischen wirft jeder Statist der Berliner Szene mit Milliarden um sich, dass es eine wahre Pracht ist". Volle Zustimmung! Mit welchem Geld – das nicht da ist – wollen sie „Konsum-Gutscheine an alle" verteilen. Wie es George W. Bush in den USA gerade getan hat und wo jetzt die Staatsschulden auf 10 Billionen Dollar steigen.

Also, was werden sie tun? Sie werden in Amerika und Europa das Gleiche tun, was sie immer getan haben, wenn die Staatsschulden nicht mehr bezahlbar sind. Sie werden neues Geld drucken, und von dieser „Vermehrung der Geldmenge" wird unser wunderbarer Euro nicht ausgenommen. Wie war das mit den Stabilitätskriterien des Euro? Neuverschuldung maximal 3 Prozent / Staatsverschuldung unter 60 Prozent des Bruttoinlandsprodukts. Frankreich, Großbritannien und Italien haben sich von den Stabilitätskriterien des Maastricht-Vertrages längst verabschiedet, und die Staatsverschuldung von Griechenland ist noch mal doppelt so hoch wie im Vereinigten Königreich.

Unser Dream-Team Angela Steinbrück und Peer Merkel zögert noch. Weil sie wissen: Die Geschäftsgrundlagen des Euro – die Stabilitätskriterien – werden von den meisten EU-Mitgliedstaaten nicht mehr ernst genommen. Es ist ein bisschen so, wie von uns in der „Esperanto-Geld-Debatte" befürchtet. Die Euro-Zone wird von den Finanzmärkten ja gar nicht mehr als geschlossenes Währungsgebiet wahrgenommen. Der griechische Finanzminister muss für Kredite zurzeit schon zwei Prozent mehr bezahlen als sein deutscher Kollege.

Nur: Was sich nicht ändert, ist die Verpflichtung Deutschlands aus dem Maastricht-Vertrag, an die anderen Europäer mehr als die anderen zu zahlen. Weswegen Merkel-Steinbrück ja tapfer gegen das aufgeblasene „EU-Investitionsprogramm" des Herrn Barroso Widerstand leisteten. Wie schrieb vor 14 Jahren der „Figaro", die älteste Zeitung Frankreichs? „Maastricht ist wie Versailles ohne Krieg. Die Deutschen müssen zahlen!" Möglicherweise müssen wir das wirklich, weil die Deutschen die mit Abstand größte Volkswirtschaft in Europa *halten. Und Versailles ohne Krieg besser ist als Versailles mit Krieg. Aber sie sollten unsere lieben Deutschen auch nicht überfordern, sonst laufen sie weg.*

Mir geht aber auch das „Katastrophen-Gerede" auf den Geist und wie schrecklich alle der globale Abschwung treffen wird. Im neuen „Spiegel" wird der Wirtschafts-Nobelpreisträger Paul Krugman gleich ganz hysterisch und kündigt der Menschheit „ein verlorenes Jahrzehnt nach japanischem Muster" an. Dümmer kann man sich nicht ausdrücken. Vermutlich wären 99 Prozent der leidenden Weltbevölkerung über ein „japanisches Jahrzehnt" ziemlich dankbar bis zum Lebensende. Diese Fixierung allen Menschen-Glücks auf „wirtschaftliches Wachstum" (sonst wäre ein Jahrzehnt verloren!) ist doch sehr armselig. Wirklich nichts gegen Geld (wobei mir im Moment – siehe oben – Schweizer Franken lieber wären als Euro). Aber wir wollen nicht wie der Salzburger „Jedermann" sterben und müssen uns auch um den „anderen Reichtum" kümmern, den Wettlauf mit uns selbst beenden und den Wärmetod des Gefühls. Keine Angst, ich will mich nicht kurz vor Heilig Abend als Mutter Teresa verkleiden (sähe in meinem

Fall auch wirklich komisch aus; bei Dir natürlich nicht!)

Unsere Hin- und Herschreiberei im Jahre des Herrn 2008 hat mir gut gefallen. Und nachdem wir uns erst im Januar wieder schreiben werden, wünsche ich Dir für 2009 „a Glück ohne End". *Und uns beiden gute Einfälle für die Herzensfrage jedes guten Politikers: „Was tun?" Wie man die Brutalität von der Münchner U-Bahn bis nach Passau in den Griff kriegt und die dahintersteckende Kopfkrankheit heilen kann. Und wie wir wieder frische Luft in die Demokratie bringen. Und warum uns die Bayerische Verfassung wichtiger sein sollte als der Vertrag von Lissabon. Alles wunderbare Themen. Weil Du älter und würdiger bist, darfst Du aussuchen. Fröhliche Weihnachten, Herr Oberbürgermeister – hasta la vista, alte Schwabinger Rothaut!*

Dein Schwarzer

Peter Gauweiler

Das viel geschmähte Jahr

Lieber Peter,

nun hat es also begonnen, das viel geschmähte Jahr 2009. Ich kann mich nicht erinnern, dass jemals ein völlig ungenutztes und unschuldiges Jahr derart madig gemacht worden wäre wie 2009. Wenn die Prognosen alle zuträfen, hätten wir in der Silvesternacht den Abgrund hinuntergleiten und in einem tiefen Loch verschwinden müssen. Stattdessen sind Silvesterraketen aufgestiegen und der Einzelhandel erlebte Verbraucher, die sogar noch nach Weihnachten kräftig einkauften. Konsumrausch als Krisenmanagement – noch nie durfte man mit so großem volkswirtschaftlichen und staatspolitischen Anspruch shoppen gehen.

Ist am Ende die Bevölkerung vernünftiger als das Chaos-Konzert von Medien und Verbandsvertretern?

Aber wie lange trägt der Boden, auf dem wir uns bewegen? Wirklich sicher ist nur, dass „unsere Hin- und Herschreiberei", wie Du unseren Briefwechsel nennst, weitergehen wird. Und da hast Du ein schönes Stichwort geliefert: Den fehlenden Respekt vor den Stabilitätskriterien.

Aber ist das wirklich nur ein Problem der anderen Staaten, die mit ihrer Freigiebigkeit aus dem Euro ein „Esperanto-Geld" machen könnten? Ich war am Montagmorgen schwer beeindruckt, als Frank-Walter Steinmeier in kleinem Kreis sein Konzept vortrug, wie der drohenden Krise begegnet werden sollte. Da war ein Fonds von 10 Milliarden vorgesehen, um endlich die viele Jahre lang sträflich vernachlässigte Infrastruktur in Städten, Gemeinden und Landkreisen aufzumöbeln, von der Kinderbetreuung über den Schulbau und die Krankenhäuser bis hin zu den Straßen und der energetischen Sanierung von Gebäuden. Da kann jeder Euro vor Ort Wirkung entfalten und Werte schaffen, die wir ohnehin schon seit längerem dringend gebraucht hätten. Und dann war da auch Entlastung vorgesehen, beispielsweise für Kinder und Arbeitnehmer und Rentner, also jene Bevölkerungsgruppen, die zusätzliche Gelder nicht auf die hohe Kante legen können, sondern sofort in den Verbrauch stecken.

Am Abend, wieder daheim, sah ich dann in den Fernsehnachrichten, dass der Union 40 Milliarden nicht genug sind, nein, es müssen 50 Milliarden sein; und steuerliche Entlastungen gehören auch dazu.

Wer sich in dieser Lage gegen Steuergeschenke
ausspricht, wird schnell gefragt, ob er Berufstätige
„bestrafen" will oder Privatleuten nichts gönnt
oder den Nutzen privaten Konsums verkennt.
Nichts von alledem trifft zu. Ich weise nur
auf einen anderen Gesichtspunkt hin, der
geflissentlich in diesen Tagen verschwiegen
wird: Wenn der Staat in einem Jahr der
Rekordverschuldung auch noch Steuergeschenke
verteilt, werden selbstverständlich die Empfänger
die Rechnung selber begleichen müssen.
„Kosten zahlt Empfänger", müsste auf jedem
Steuergeschenk draufstehen. Dies hat nichts
mit Missgunst oder Miesepetrigkeit zu tun,
sondern allein mit Mathematik. Wenn die
Staatsverschuldung durch Mindereinnahmen
noch schneller und noch höher wächst, wird
der beschenkte Steuerzahler dafür aufkommen
müssen. Wer andere Staaten Europas zur
Einhaltung der Stabilitätskriterien ermahnt,
sollte diese Rechenregel im Hinterkopf haben.

Nun könnte es durchaus im Sinne einer
antizyklischen Finanzpolitik Sinn machen,
heute Schulden aufzunehmen, die erst morgen
zurückbezahlt werden müssen. Aber das tun
wir doch bereits in überreichem Maße, wenn
wir Milliardenschirme für das Debakel der

Bankenwelt aufspannen – auf Kosten des Steuerzahlers natürlich – und wenn wir zweistellige Milliardenbeträge in Investitionen stecken, die schon beschlossene Sache sind.

Mit wachsendem Ingrimm verfolge ich die Ratschläge von Arbeitgeberfunktionären und neoliberalen Wirtschaftsprofessoren, die in der Vergangenheit die Finanzmärkte entfesseln und den Staat zurückstutzen wollten und jetzt allen Ernstes ohne Schamröte im Gesicht vom Staat verlangen, er solle beim Ankurbeln der von den Finanzmärkten gefährdeten Realwirtschaft „nicht kleckern, sondern klotzen" und dabei auch noch kraftvoll die Steuern senken. Hier ist der Versuch erkennbar, den Staat, der in der Not die Hilfe bringen soll, so auszuhungern, dass er in einigen Jahren kollabiert – und dass dann abermals das Lied „Privat vor Staat" angestimmt werden kann. Diese Absicht ist leicht durchschaubar, ziemlich unanständig und politisch töricht. Deshalb ist Widerspruch, rechtzeitiger Widerspruch angesagt.

Als Thema für 2009 hast Du mir noch ans Herz gelegt, dass wir uns darüber austauschen sollen, warum die Bayerische Verfassung wichtiger sein solle als der Vertrag von Lissabon. Ich stelle das vorläufig noch zurück – ehrlich gesagt aus der Sorge heraus, dass Du hier mehr Recht haben könntest, als mir lieb ist. Da muss die Schwabinger Rothaut erst noch das Gelände sondieren ...

Herzlichst

Dein Christian Ude

Wie soll der Kapitalismus funktionieren?

Lieber Christian Ude,

nochmals gutes neues Jahr! Angeblich dauert es 20 Jahre, bis die Menschen eine Finanzkrise vergessen haben. Danach verhalten sie sich wieder so, als ob Aktienkurse oder Immobilienpreise für immer steigen würden. Wenn wir uns die letzten Krisen vergegenwärtigen – 1987 der „black monday", 1997 die Asien-Krise, 2001 die Internetblase, 2008 die Subprime-Krise –, so scheint es, als sei das menschliche Gedächtnis noch mal schwächer geworden.

Vor der Gefahr des Kurzzeitdenkens sind unsere lieben beiden Volksparteien, Union und SPD, nicht gefeit. Politische Leute wie wir sollten darauf drängen, dass wenigstens einige besonders naheliegende Konsequenzen schnell gezogen werden. Bevor wieder alles vergessen wird. Das gescheiterte amerikanische Investment-Banking hat unser Bankensystem in eine Hexenküche verwandelt: „Deregulierung, Liberalisierung, Internationalisierung, Konkurrenz bis aufs Messer, 24-h-Handel, Inflation der Handelsinstrumente, die EDV", so der frühere

Präsident der Zürcher Börse, Nicolas J. Bär, haben einen Bankentyp aufkommen lassen, der nur auf Risiko programmiert war. Diese amerikanische Krankheit führte im Jahr 2008 dazu, dass die Banken keine Geschäfte mehr miteinander machen wollten, weil keiner weiß, welche Wetten der andere eingegangen ist. Nur: Wie soll der Kapitalismus funktionieren, wenn man kein Geld leihen kann? Durch Naturalientausch?

So weit, so gut – oder so schlecht. Tatsache ist jedenfalls auch, dass unsere Regulierungsbehörden – die für die Bankaufsicht zuständige Bundesanstalt und die Bundesbank – keinerlei Vorsatz zum Regulieren hatten. Diese Leute sind nicht dumm und es ist klar, dass sie davon ausgegangen sind, die Probleme im Griff zu haben. Die Tatsache, dass sie so weit danebenliegen konnten, ist das eigentlich Beunruhigende und zeigt, wie dramatisch notwendig neue Leute, eine neue Prüf-Kultur und eine neue Bankaufsicht sind. Unsere deutschen Kreditinstitute haben sich in den jetzten zehn Jahren vor aller Augen – also auch vor den Augen der Politik und der Bankaufsicht – mit Wertvorstellungen identifiziert, die ausschließlich von der angelsächsischen „liberalen" und weniger

von der sozialen Marktwirtschaft geprägt
sind. Ich könnte jetzt sagen, dass dies unter
zwei sozialdemokratischen Finanzministern
geschehen ist (Eichel und Steinbrück) – was
aber nur die halbe Wahrheit ist, weil unsere
Christlichdemokraten diesem Entgleiten der
Banken- und Finanzbranche ja auch nicht
entgegengetreten sind. Der international
anerkannte deutsche Wirtschafts- und
Bilanzrechtler Jörg Baetge von der Westfälischen
Wilhelms-Universität Münster hat jetzt
festgestellt, wie die Tatsache, dass amerikanische
Investment-Banken und Rating-Agenturen
keiner und deutsche Banken einer zu geringen
Kontrolle bezüglich der Risiken unterlagen, direkt
in die aktuelle Krise geführt hat.

Muy querido Amigo – wenn die ganze riesige
Staatsmilliarden-Stütze für die Banken –
deretwegen wir gemeinsam beschimpft werden
– nicht für die Katz gewesen sein soll, müssen wir
noch in der laufenden (!) Großen Koalition die
Bankaufsicht in einer einzigen schlagkräftigen
Behörde zusammenführen. Wir müssen
wieder zuverlässige Bilanzierungsregeln und
Rechnungslegungsstandards vorschreiben sowie
die alten Eigenkapitalvoraussetzungen für das
Bankwesen wieder herstellen. Der Gesetzgeber

muss verbieten, dass die Banken via Verbriefung ihre Kreditrisiken aus den Bilanzen verschwinden lassen können. Und wir müssen wieder durchsetzen, dass die amtliche Voraussetzung, im Geltungsbereich des Grundgesetzes eine deutsche Banklizenz zu erteilen, auch an die Kenntnis der deutschen Sprache geknüpft ist.

Um unseren Briefwechsel vom letzten Jahr in Sachen Europa und Bayerische Verfassung abzurunden: Könntest Du Dich bei Deinen Genossen für den Vorschlag von Ministerpräsident Seehofer einsetzen, bei den zentralen EU-Fragen (Kompetenz, EU-Staatlichkeit, Grundrechte) in Zukunft das Volk entscheiden zu lassen? Immerhin könntet Ihr weißblauen Roten Euch auf unser Nachbarland Österreich stützen, wo der neue SPÖ-Bundeskanzler Faymann – unterstützt von seinem Vorgänger Gusenbauer – in der Großen Koalition Volksabstimmungen in Sache EU durchsetzen will.

Auf ein gemeinsames Wiedersehen an der Abstimmungsurne!

Dein Peter Gauweiler

Die USA – endlich wieder ein Vorbild!

Lieber Peter!

Zum Glück ist diese Woche Amerika angesagt und sonst nichts, sodass ich Deine bohrende Frage, ob denn nicht die Bayerische Verfassung wichtiger sei als der EU-Vertrag, getrost noch einmal zur Seite legen kann.

Amerika! Was war das für ein Wechselbad in unserem Leben! Als Kind habe ich die „Amis" lieben gelernt. Das kam daher, dass die große Autowerkstatt auf der anderen Straßenseite darauf spezialisiert war, Jeeps der Besatzer zu reparieren. Deswegen standen immer Dutzende Jeeps herum, und die GIs langweilten sich, bis sie endlich an die Reihe kamen.

Das war für uns Kinder die große Chance! Wir fuhren mit unseren Tretrollern auf dem Trottoir auf und ab und vollführten die kühnsten Kunststücke, beispielsweise „lenken mit dem Bauch" bei gleichzeitig weit ausgebreiteten Armen. Die GIs ließen sich nicht lumpen und reichten uns zur Belohnung Schokoriegel oder Chewing Gum, im Glücksfall gleich komplett im Fünferpack. Das hat uns ungemein für

*die Besatzer eingenommen, vor allem für die
farbigen Soldaten, die besonders großzügig
waren.*

*An der Schule haben dann alle, unabhängig
von den Eltern, gelernt, dass die Besatzer
erst einmal als Befreier kamen, um dem
nationalsozialistischen Verbrecher-Regime ein
Ende zu setzen und Hitlers Angriffskrieg zu
beenden. Mit den „Rosinenbombern" der Berliner
Luftbrücke bewiesen die Amis, dass sie auch in der
Gegenwart gegen jede Diktatur helfen konnten.
Das hat gemeinsam mit der flotten Musik des
Senders AFN zu einer Woge der Begeisterung
und Verehrung geführt: I like to be in America.*

*Wenige Jahre später hat der politisch wache
Teil der Jugend gegen die Vereinigten Staaten
demonstriert. Gegen den Krieg in Vietnam vor
allem, der ein Land und ein Volk zu zerstören
drohte, das er eigentlich befreien sollte. Gegen
die Kumpanei mit Diktatoren, Putschisten und
Obristen-Regimen, die auch nicht das Geringste
mit westlichen Werten wie Freiheit und
Demokratie zu tun hatten. Weitere Eindrücke
verfestigten das negative USA-Bild: Der
hemmungslose Kapitalismus, die oberflächliche
Vergötterung des Konsums, der rassistische weiße
Mob, die religiösen Fanatiker.*

Dann die neuerliche Kehrtwendung:
Was Bill Clinton versprach, war doch ein
vernünftiges (entschuldige: im Prinzip
sozialdemokratisches) Programm. Er baute die
höchste Staatsverschuldung in der Geschichte
der USA, die Ronald Reagan hinterlassen hatte,
wieder ab. Wirtschaftlich blühte die Weltmacht
auf, Sozialgesetze wurden zumindest in Angriff
genommen, die Rolle des „Weltpolizisten" nicht
missbraucht.

Unter George W. Bush dann das glatte Gegenteil:
Ein Angriffskrieg wurde auf eine Kriegslüge
gestützt, niemand in den USA schien sich daran
zu stören, dass er klar völkerrechtswidrig war.
Menschenrechte wurden vor laufender Kamera
buchstäblich mit Füßen getreten. Die Staatskasse
wurde ausgeplündert für Kriegszwecke, der
Kontrast zwischen Arm und Reich schärfer denn
je. Die Entfesselung der Marktkräfte führte zur
größten ökonomischen Krise der Nachkriegszeit.

Die Kritiklosigkeit, mit der viele Unionspolitiker
damals George W. Bush zu Diensten waren,
ist in der Rückschau nur noch peinlich – vor
allem, wenn sie jetzt den Eindruck erwecken,
immer schon auf der Seite der Kriegsgegner
gestanden und gleichsam mit Barack Obama
„mitgewonnen" zu haben.

*Das ist der Punkt, bei dem ich Dir meinen
Respekt nicht versagen kann: Du hast vor dem
Irakkrieg und seinen Auswirkungen gewarnt,
als dies in Deiner Partei noch als Abgrund von
Bündnisverrat angeprangert wurde.*

*Und jetzt endlich Barack Obama. Eine Nation
im Freudentaumel, ein Großteil der Menschheit
voller Hoffnung. Die Antrittsrede hat – jenseits
von persönlichem Charisma und perfekter
Inszenierung – Mut gemacht, und zwar aus
inhaltlichen Gründen.*

*Beglückend die klare Absage an religiöse Eiferer
und Absolutheitsansprüche: „Wir sind eine
Nation von Christen und Muslimen, Juden
und Hindus und Atheisten." Dann die Analyse
der jüngsten Fehlentwicklungen: „Märkte
ohne Aufsicht geraten außer Kontrolle, eine
Nation kann ihren Wohlstand nicht mehren,
wenn sie nur die Wohlhabenden bevorzugt."
Niemandem wurde der Krieg erklärt,
stattdessen ein Weg zum Frieden aufgezeigt.
Ressourcen sollen künftig geschont, die Gefahr
der Klimaerwärmung zurückgedrängt werden.
Die sträflich vernachlässigte Infrastruktur der
USA will der neue Präsident endlich sanieren,
und Sicherheitsbelange sollen nie mehr die
Bürgerrechte aushebeln.*

Endlich einmal kann man sich wünschen, dass eine Entwicklung in den USA nach Europa „herüberschwappen" möge!

Herzlichst

Dein Christian

29. Januar 2009

Depression oder Aufschwung

Lieber Christian,

*jetzt ist das in der Nachkriegsgeschichte
beispiellose Paket zur Stützung der Konjunktur
also von unserer Großen Koalition beschlossen.
Über 17 Milliarden öffentliche Gelder für Staats-
Investitionen in Bausanierungen (Kindergärten,
Schulen, Universitäten) und Neubaumaßnahmen
(Straßen, Krankenhäuser, Städtebau, Schienen
und schnellere Internetnetze).*

*Gerade lese ich, dass Du als Präsident des
Deutschen Städtetages davor warnst, die
Realisierung des Programms in den Städten
und Gemeinden durch Antragsverfahren zu
behindern, „die zur Folge haben, dass in den
kommenden Monaten gar nichts passiert". Das
ist völlig richtig, auch dass die Zuständigkeit
für diese Gelder nicht in praxisfernen Zentralen
versandelt wird. Im Folgenden einige Vorschläge
meinerseits: Bis zum 20. Februar – wenn alle
parlamentarischen Hürden genommen sind –
sollte jeder Ministerpräsident persönlich wissen
und politisch dafür einstehen können, was in
seinem Land bzw. in seinem Freistaat faktisch
und ab sofort für die Umsetzung geschieht,
um das tote Finanzkapital dieses Programms*

in lebendiges Sachkapital – verbesserte Verkehrswege, Bildungseinrichtungen und andere Zukunftsstätten – umzuwandeln. Jetzt und in den nächsten 20 Monaten. Jeder Bürgermeister sollte einen Zeitplan vorlegen und veröffentlichen, innerhalb dessen sein von ihm für das Programm vorgeschlagenes Projekt verwirklicht werden kann. Und an diesem Zeitplan sollte er öffentlich gemessen werden.

Und jeder regionale Volksvertreter (egal ob für Bund, Land, Gemeinde, Landkreis oder Bezirk) sollte darüber wachen – wie ein Sekretär des Volkes –, dass dieser Zeitplan eingehalten wird. Und weil jedenfalls dieses Konjunkturprogramm II ausdrücklich aufgelegt wurde, um Investitionen in Deutschland anzukurbeln (und nicht in Portugal oder in Polen), sollten dafür unsere Bauämter von der Pflicht einer EU-weiten Ausschreibung der Aufträge befreit werden. Die Bundesregierung wird bei den hohen EU-Herren Barroso und Verheugen die Genehmigungen dafür erwirken müssen. Bis dahin sollten durch eine vorläufige Genehmigung des Bundes Aufträge vor allem an regionale, am besten ortsansässige Firmen vergeben werden.

Jedes Land sollte auch einen seiner Minister zum Sonder-Beauftragten ernennen, der ab sofort wöchentlich und bis zum 31. Dezember 2010 Parlament und Öffentlichkeit über den Gang des Programms unterrichtet. Es geht ja nicht um Investitionen aus irgendwelchen Privatschatullen (die kämen nur, wenn die Steuern wirklich radikal gesenkt würden), sondern um schuldenfinanzierte Anlageinvestitionen, deren Rückzahlung Vater Staat, Mutter Merkel und Peer Steinbrück den Steuerzahlern von morgen auferlegen wollen.

Der erste Beweis für die Richtigkeit dieses Maßnahmepakets kann durch eine außergewöhnliche Anstrengung der politischen Amtsträger aller Ebenen gezeigt werden. Depression oder Aufschwung.

Nota bene: Dein Stück über Obama und die Wiedergeburt des amerikanischen Ansehens hat mir auch gefallen. Etwas beschönigend war Dein Schnörkel in Sachen Vietnam-Krieg, dass damals „der politisch wache Teil der Jugend" demonstriert hätte. Die seinerzeitigen Mao-Marx-Marcuse-Demonstranten hatten bei all ihrem Freiheitsdrang ja kein Problem, sich den Sowjets anzubiedern und ihnen Europa auszuliefern. Wenn man sie heute darauf anspricht, ist ihre „Wachheit" von damals die Wachheit früherer Schlafwandler, die sich an nichts mehr erinnern können oder wollen. Auch in der Rückschau wirkt nach dieser Krise des Westens US-Präsident Ronald Reagan wie eine Wohltat. Reagan hatte übrigens nach seiner Wahl mit radikalen Steuersenkungen auf unter 30 Prozent einen Konjunkturboom ausgelöst, der noch heute ohne Beispiel ist.

Herzliche Grüße

Dein Peter Gauweiler

5. Februar 2009

Missbrauch gefährdet
den Föderalismus

Lieber Peter!

*Heute kann ich Dir mal als Erstes ein herzliches
„Dankeschön" zuwerfen. Du hast nämlich
ausdrücklich die Forderung unterstützt, die ich
als Präsident des Deutschen Städtetags erhoben
hatte: Die Mittel des Konjunkturprogramms
müssen schnell an die Kommunen und weiter
an die Handwerker und Firmen fließen,
dürfen nicht monatelang in umständlichen
Antragsverfahren hängen bleiben.*

*Diese Woche hat der Städtetag in der schönen
Frankenmetropole Nürnberg getagt und näher
untersucht, wie es so läuft in Deutschland. Das
Ergebnis ist nicht gerade geeignet, bayerisches
Hochgefühl aufkommen zu lassen. Während in
Nordrhein-Westfalen, das in der Vergangenheit
keineswegs durch kommunalfreundliche
Entscheidungen aufgefallen war, bereits fest
vereinbart ist, welche Regeln gelten, stochert der
Freistaat noch im Nebel herum.*

*Damit nicht genug: Während die Kommunen
an Rhein und Ruhr mit pauschalierten Beträgen
rechnen dürfen (natürlich bedarfsgerecht, also*

bei Schulbausanierung nach Schülerzahlen),
scheint Bayern umständliche Antragsverfahren
zu bevorzugen. Während also jede NRW-
Kommune heute schon weiß, mit wie viel Geld
sie rechnen darf und planen kann, müssen
bei uns die Regeln für Antragsverfahren
noch abgewartet werden, dann dürfen die
Kommunalverwaltungen ihre Anträge pinseln
und beim Ministerium einreichen, das alles
sorgfältig prüfen und bedenken kann und nach
den üblichen Fristen „verbescheiden" darf. Und
dann – erst dann! – kann's losgehen, das dringend
erforderliche Konjunkturprogramm, das der jetzt
schon in die Höhe schnellenden Arbeitslosigkeit
frühzeitig entgegenwirken soll. Bayern tritt
ja so gerne als Europas bester Lehrmeister in
Fragen des Bürokratieabbaus auf – hier hätte
der Freistaat mal eine Chance, wenn schon nicht
voranzugehen, dann doch wenigstens dem guten
NRW-Beispiel zu folgen!

Du hast Dir schon Sonderbeauftragte der
Länderregierungen gewünscht, die den
Kommunen bis zum Ende nächsten Jahres
auf die Finger sehen, ob alles schnell genug
vonstatten geht. Die Idee der Kontrolle hat mir
gut gefallen. Der Städtetag hat deshalb seine
Hauptgeschäftsstelle beauftragt, ein bundesweites

„Länder-Ranking" zu erstellen und laufend zu aktualisieren, mit dem objektiv festgehalten wird, welche Länder am schnellsten Vereinbarungen schließen, die kommunalfreundlichsten Regelungen treffen, überflüssigen bürokratischen Aufwand vermeiden und am frühesten alle Mittel weitergereicht haben. Hoffentlich schneidet Bayern bei diesem Föderalismus-Wettbewerb passabel ab!

Bei einer anderen Frage hat sich der Freistaat nämlich auf der föderalen Bühne bis auf die Knochen blamiert. Ich meine das Umweltgesetzbuch. Zwanzig Jahre wurde daran gebastelt, verschiedene Umweltminister – darunter die heutige Kanzlerin – haben das Vorhaben für bedeutsam erklärt, die Große Koalition hat sich auf den Entwurf verständigt, den Sigmar Gabriel vorgelegt hat, um endlich das total zersplitterte Umweltrecht in einem Gesetzbuch zu bündeln, um einheitliche Standards festzulegen und die Verfahren zusammenzufassen. Die baden-württembergische CDU-Umweltministerin lobt den Entwurf aus vollem Herzen, der saarländische CDU-Umweltminister warnt davor, das Reformwerk aufzuteilen oder zu verwässern. Aber Bayern sagt Njet. Föderales Muskelrollen. Um Interessen *des Landes geht es dabei nicht, denn Bayerns Kommunen wollen ebenso wie im Rest der Republik einstimmig einheitliche Standards und zusammengefasste Verfahren.*

Durch Missbrauch wird der Föderalismus nicht gestärkt, sondern gefährdet. Das schreibe ich als erklärter Föderalist, der noch von Wilhelm Hoegner gelernt hat, wie bedeutsam der Föderalismus ist, um der Gleichschaltung in einem Zentralstaat vorzubeugen.

PS: Beim letzten Briefwechsel haben wir auch die amerikanische Zeitgeschichte gestreift. Was Vietnam angeht, ist mir immer noch zweierlei zumute. Ich glaube unverändert, dass der US-Krieg ein Fehler war, weil er das Land, das er „befreien" sollte, systematisch zerstörte. Aber trotzdem stimmt auch, dass die Demonstranten der späten 60er-Jahre bei der Auswahl ihrer Idole von schockierender Ahnungslosigkeit waren, dass sie sich einen Dreck darum scherten, wie die gefeierten Heroen es ihrerseits mit Demokratie und Menschlichkeit hielten. Dass rücksichtslose Diktatoren, die eine breite Blutspur hinter sich herzogen, abermals von akademischen Eliten in Deutschland gefeiert wurden, bedarf noch der kritischen Reflexion, zumal gerade diese

Studentengeneration für sich gerne Unfehlbarkeit in dieser Frage in Anspruch nahm.

Was Ronald Reagan betrifft, so hast Du Recht, dass er mit seinen Steuersenkungen einen beispiellosen Konjunkturboom ausgelöst hat. Ich hatte aber zuvor ebenfalls Recht mit meiner Feststellung, dass dieser Republikaner die bis dahin größte Staatsverschuldung der Vereinigten Staaten hinterlassen hat. Wer uns beide liest, weiß ziemlich gut Bescheid. Das ist doch schon mal was!

Herzliche Grüße

Dein Christian

Schleifstein statt Goldklumpen

Lieber Christian,

heute schreibe ich Dir aus Karlsruhe, der Stadt des Bundesverfassungsgerichts. Die Karlsruher sagen von sich: „Wir denken voraus!" Deshalb erregen sie ja immer wieder Aufmerksamkeit. Was hier gedacht wird, setzt Meilensteine in Deutschland und hat Modellcharakter.

Vor dem 2. Senat des Bundesverfassungsgerichts wird der Lissabon-Vertrag verhandelt. Alle reden jetzt über eine „Entscheidung von historischer Tragweite". „Historisch" ist die Entscheidung des Gerichts nur dann, wenn es den Lissabon-Vertrag unbeanstandet passieren lässt. Denn dann ist es mit der juristischen Letztverbindlichkeit des Grundgesetzes vorbei. Und damit, dass das Volk seinen verbindlichen Willen durch freie, gleiche und geheime Wahlen kundmachen und durchsetzen kann, auch. Wenn das Gericht den Vertrag dagegen „kassiert" und an den Bund zwecks Neuverhandlung zurückschickt, tritt ein schlechter Vertrag nicht in Kraft. Und wird – dank der Hinweise des Gerichts, die mit jedem Urteil verbunden sind – durch einen besseren ersetzt.

Meine lieben Prozessgegner, die Vertreter von Bundesregierung und Bundestag, sind erkennbar genervt, dass und wie die Richter den eigentlich für „unlesbar" gehaltenen Vertrag unter den juristischen Kernspin nehmen. Hinter den Prozessbevollmächtigten sitzt ein Rudel von Europapolitikern des Bundestages, fast jeder mit roten Backen. Irgendwie herrscht auch bei ihnen Beklommenheit. Manchen wird zum ersten Mal vor Augen geführt, welch weitreichenden Vorschriften sie die Völker Europas zu Gunsten der Brüsseler Gremien unterwerfen wollen. Wie sie mit der Verfassung des Bundes und der Länder umgehen, erinnert ein bisschen an das Märchen vom Hans im Glück und wie er seinen Goldklumpen für einen Schleifstein wegtauscht. Irgendwie ist mit dieser Verhandlung die EU-Taktik der vergangenen 10 Jahre an ein Ende gekommen. Einer ihrer pfiffigsten Vertreter, Jean-Claude Juncker, sagte damals: „Wir beschließen etwas, stellen das dann in den Raum und warten einige Zeit ab, was passiert", verriet der Premier des kleinen Luxemburg aus der Trickkiste der Staats- und Regierungschefs der EU, die den Aufdruck „Europapolitik" trägt: „Wenn es dann kein großes Geschrei gibt und keine Aufstände, weil die meisten gar nicht begreifen, was da beschlossen wurde, dann machen

*wir weiter – Schritt für Schritt, bis es kein
Zurück mehr gibt."*

Damit ist es jetzt vorerst vorbei.

*Weil mein Kopf so voll ist mit Lissabon – ich
habe meiner Frau eine Städtereise dorthin
versprochen, weil diese lusitanische Metropole
eigentlich wunderbar sein soll und für diesen
unguten Vertrag gar nichts kann –, hätte
ich beinahe vergessen, was Du letztes Mal
über das Scheitern des Umweltgesetzbuches
geschrieben hast. Denn gescheitert ist nicht
das Umweltgesetzbuch, sondern diesbezüglich
der Bundesumweltminister Gabriel. Das
vermeintlich gescheiterte Umweltgesetzbuch wird
noch diesen Monat wieder auferstehen, geläutert
und gereinigt von einem verkorksten 1. Teil,
von dem Gabriel nicht abzubringen war. Vier
der fünf Bücher des Umweltgesetzbuches, und
gerade die Teile, die unseren deutschen hohen
Umweltstandard sichern und weiter entwickeln
sollen, sind mittlerweile zwischen Bund und
Ländern und allen Parteien weitgehend unstrittig
und werden im Bundestag und im Bundesrat
– übrigens aufgrund einer Initiative des von
Dir zu Unrecht kritisierten Ministers Söder –
verabschiedet. Was nicht kommen wird, ist das
Buch 1 der 5 Bücher des Umweltgesetzbuches*

wegen der damit befürchteten Folgen: Jahrelange
Rechtsunsicherheiten und Verzögerungen, eine
Aufblähung der Verwaltung und der Kosten,
Planungs- und Investitionsverzögerung – das
Gegenteil von alledem, was man mit dem
Umweltgesetzbruch erreichen wollte.

So viel zum Umweltgesetzbuch und noch nichts
zu den neuen Jungstars der CSU. Dazu beim
nächsten Mal.

Eine gute Woche!

Dein Peter Gauweiler

Allerlei Schreckgespenster

Lieber Peter,

Deine letzte Kolumne hat ja ganz schön deutlich gemacht, wie kosmopolitisch Du – ein Münchner Abgeordneter in Berlin – mittlerweile agierst: Du klagst in Karlsruhe, um den Gremien in Brüssel das Handwerk zu legen und den Vertrag von Lissabon, wo Du auch noch hinreisen möchtest, zu Fall zu bringen. Respekt! Das ist nicht einmal ironisch gemeint.

Wenn das Tempo und der Erfolg des europäischen Einigungsprozesses und die Letztverbindlichkeit des Grundgesetzes gegeneinander in Stellung gebracht werden, weiß man als guter Europäer und rechtschaffener Jurist nicht so recht, welchen Ausgang man sich ernstlich wünschen soll. Nur so viel ist gewiss: Es wäre mit Sicherheit ein sträfliches Versäumnis, wenn die weitreichenden Auswirkungen des europäischen Vertrages auf den künftigen Stellenwert von Grundrechtskatalog und Bundesverfassungsgericht nicht gerichtlich und somit fernab von allen Regierungskompromissen und Fraktionszwängen geprüft würden!

Deshalb halte ich Deinen Weg nach Karlsruhe nicht nur für legitim (es wäre ja noch schöner, wenn das jemand bestreiten wollte), sondern für notwendig, um den Verfassungskonsens zu erhalten. Der Gedanke, dass kein einziges Mitglied des Deutschen Parlaments über die Auswirkungen des Vertrags von Lissabon ins Grübeln käme, Gefahren sähe und das Bundesverfassungsgericht anriefe, hat doch eher etwas Beklemmendes an sich.

Lass Dich also nicht schmähen, auch wenn es vielen Deiner Parteifreunde nicht wie gerufen kommt, im Europawahlkampf 2009 gleichzeitig für und gegen den Vertrag von Lissabon argumentieren zu müssen, um ihre Partei und Deine Person zugleich in Schutz zu nehmen.

Nicht hingegen einverstanden bin ich mit Deinem Versuch, die Querschüsse auf das Umweltgesetzbuch zu verteidigen. Du bekräftigst ein weiteres Mal den Vorwurf Deiner Parteifreunde, das Umweltgesetzbuch würde eine Aufblähung der Verwaltung und jahrelange Rechtsunsicherheiten mit sich bringen. Da wundert es mich schon, dass ausgerechnet der Nationale Normenkontrollrat, der ja mit großem Tamtam von der Kanzlerin einberufen wurde, um neue Vorschriften auf ihre bürokratischen

*Auswirkungen abzuklopfen, zu einem ganz
anderen Ergebnis kam.*

*Der Kontrollrat hat bestätigt, dass vom
Umweltgesetzbuch eine deutliche bürokratische
Entlastung und ein Impuls für Wachstum
und Beschäftigung zu erwarten seien.
Mit der Einführung der integrierten
Vorhabengenehmigung können etwa – so der
Kontrollrat – 10 Prozent des Bürokratieaufwands
bei den Genehmigungsverfahren eingespart
werden. Das Umweltministerium wurde sogar
ausdrücklich aufgefordert, den eingeschlagenen
Weg konsequent weiterzugehen.*

*Damit nicht genug: Auch Praktiker aus Behörden
und Unternehmen haben das vorgeschlagene
Regelwerk getestet und in einer Serie von
Planspielen anhand realer Genehmigungsfälle
ausprobiert. Das Ergebnis war eindeutig: Die
Bestimmungen sind praktikabel und flexibel,
können zeit- und bedarfsgerecht eingesetzt
werden. Deshalb stehen ja auch die CDU-
Umweltministerien von Baden-Württemberg
und Nordrhein-Westfalen hinter dem Entwurf.
Dies alles lässt sich doch nicht einfach leugnen
mit der pauschalen Behauptung, das neue
Verfahrensrecht sei ein Schreckgespenst. Ist denn
die derzeitige Zersplitterung und Aufteilung in*

verschiedenste Verfahren für Handwerksbetriebe und kleine mittelständische Firmen, die keine große Rechtsabteilung einschalten können, akzeptabel? In der Vergangenheit habe ich bei jeder Messeeröffnung anderes gehört, da wurde die Unüberschaubarkeit der Verfahren kraftvoll angeprangert.

Aber in dieser Woche steht ja noch ein schlimmeres Gespenst als das Umweltgesetzbuch zur Debatte: Die Verstaatlichung. Aus dem „bürgerlichen Lager", wie Du Union und FDP gerne nennst, höre ich dramatische Warnungen: Enteignung gebe es nur in totalitären Systemen. Schade, dass das Grundgesetz so unbekannt ist! Unglaublich, dass mancher bürgerliche Politiker noch nie darüber nachgedacht hat, wie der Bund die notwendigen Grundstücke für seine Autobahnen bekommen konnte.

Aber jetzt geht es in der Tat um einen anderen Fall. 87 Milliarden durfte der Steuerzahler allein für die Hypo Real Estate aufbringen, um mit staatlichen Hilfen zu verhindern, dass dieses Institut zusammenkracht. Insgesamt belaufen sich die Rettungsmaßnahmen auf 102 Milliarden! Wisst Ihr Bundespolitiker überhaupt noch, wie viel Geld das ist?

Für mich kleinen Kommunalpolitiker ist eine Million immer noch unglaublich viel Geld, das mühsam vom Steuerzahler erwirtschaftet werden muss. 102 Milliarden sind mehr als hunderttausend Mal so viel. Hunderttausend Mal! Und da sollen die Interessen der Aktionäre, die ohne staatliche Hilfe längst im Abgrund verschwunden wären, mehr wert sein als das Interesse der Steuerzahler, das unfassbar große Milliarden-Engagement gesichert zu bekommen? Das kann doch nicht Euer bürgerlicher Ernst sein!

Die alte Rothaut Christian

Führungsstreit
im Blindenbund?

Lieber Christian,

*auch wenn uns beiden gestern nicht das
Aschekreuz auf die Stirn gespendet wurde, wissen
wir, dass der Mensch Staub ist und zum Staub
zurückkehrt („... et in pulverem reverterit"). Das
gilt auch für die Derivate der Hypo Real Estate
Bank, wobei mit dem lateinischen Wort „pulver"
im Buch Genesis ja leider wieder nur Staub
gemeint ist. Allerdings kommt nach jeder Passion
immer wieder Ostern, und so schnell lassen wir
uns nicht in Schrecken jagen.*

*Nicht nur zerbröselt, sondern ziemlich
lächerlich steht derzeit auch die wechselseitige
Negativpropaganda der Parteien über die
Sehschwäche der jeweils anderen Partei da.
Wie ein Führungsstreit im Blindenbund.
Deshalb hat mir das zentrale Anliegen Deines
letzten Briefes – Kampf gegen Schreckgespenste
und Denkverbote – gut gefallen! In diesem
Zusammenhang sollte man es in den nächsten
Tagen nicht als Taktik und Kalkül kleinreden,
wenn Horst Seehofer gestern beim CSU-
Aschermittwoch in Passau einen neuen*

„Vertrauenspakt zwischen Bevölkerung und Politik" gefordert hat. Jeder weiß, dass im Verhältnis Volk/Politik einiges beschädigt ist, was repariert werden muss.

Du hast in Sachen Hypo Real Estate Recht. Es ist unvermeidlich, dieses völlig außer Kontrolle geratene Institut unter staatliches Kuratel zu nehmen (nochmals: auch weil die deutsche Bankenaufsicht seit Jahren grandios versagt hat). Ob auch noch andere Banken genauso durchgeknallt und zu einer Gefahr für das Gemeinwesen geworden sind, wird sich zeigen. Die Bundesregierung hat sich in Sachen HRE jedenfalls ernsthaft und sorgfältig um die Güterabwägung bemüht. Die Frankfurter Allgemeine Zeitung schreibt dazu zu Recht, dass der Vorwurf der FDP, Deutschland begebe sich mit dem Enteignungsgesetz auf den Marsch in den Sozialismus, nicht haltbar ist und in dieser wirtschaftlichen Lage auch nicht hilfreich.

Worum es in diesem Zusammenhang wirklich geht, hat vor kurzem der von mir sehr geschätzte Journalist Peter Scholl-Latour bei der Verleihung des Richard-Löwenthal-Preises 2008 auf den Punkt gebracht:

„Der Markt ist natürlich von Anfang an ein unentbehrliches Instrument des Austausches für die Menschen gewesen. Aber der Kapitalismus, der durchaus kreativ gewesen ist, ist spekulativ geworden."

Und:

„Der Primat der Politik über die Wirtschaft muss erhalten werden – oder die Politik ist nicht in Ordnung. Ein Staat, der dies nicht mehr garantiert, ist kein Staat mehr."

Wenn heute das Pendel von rechts wieder nach links zurückzuschwingen beginnt, wäre es die Aufgabe von Wissenschaft und Politik, dieses Hin- und Hergependel endlich einmal zu stoppen und nach neuen Wegen zwischen diesen Ausschlägen zu suchen. Denn inzwischen haben wir Fehler und deren Folgen beider Systeme ausreichend und leidvoll genug erfahren.

Deutschland hat in der Vergangenheit mit der Sozialen Marktwirtschaft bewiesen, dass es möglich ist, Freiheit und Marktwirtschaft mit sozialem Ausgleich zu verbinden.

Woran in den politischen Labors jetzt gearbeitet werden muss, ist die Suche nach einem historischen Kompromiss, der das tätige Mitleid mit Schwachen mit einer Wiederbelebung der Starken verbindet.

Marcel Proust schrieb einst:

„Die wahre Entdeckungsreise besteht nicht darin, dass man nach neuen Landschaften sucht, sondern dass man mit neuen Augen sucht."

Natürlich müssen wir auch in Zukunft im Auge haben, dass vor der Verteilung des ökonomischen Kuchens seine Herstellung kommt. Aber wir müssen auch die eindimensionalen Sichtweisen unserer abgestandenen Ideologien überwinden: Seien sie linker Couleur (Armut ist Folge der Ausbeutung durch Reiche) oder rechter (wer arm ist, ist entweder dumm oder faul oder beides).

Die Gründe der wirtschaftlichen Schwächephase lagen auch in einer Schwäche des Staates (mangelnde Aufsicht) und in einer Benachteiligung des Einzelnen zugunsten anonymer Kollektive plus zu hoher Steuern für alle.

Herzliche Grüße

Dein Peter Gauweiler

Die Welt durch die Parteibrille

Lieber Peter,

Deine Aufforderung, „die eindimensionalen Sichtweisen unserer abgestandenen Ideologien zu überwinden", gefällt mir. In der Tat gibt es hüben wie drüben reichlich Anlass, alte Parolen auf ihren Realitätsbezug abzuklopfen, statt sie einfach nachzuplappern, weil sie im eigenen Milieu so gerne gehört werden.

Aber haben solche Vorsätze in einem Doppelwahljahr wirklich Aussicht auf Erfolg? Mir kommen da Zweifel, wenn ich die Merkur-Berichte zum Wahlkampf-Auftakt Deiner lieben Parteifreunde lese. Dabei wirkte das Foto noch recht freundlich, bekannte sich doch Euer Bezirksvorsitzender Sigi Schneider mit der dekorativen Olympiafahne ausdrücklich zur kompakten Bewerbung von München und Garmisch, gegen deren Konzept er anfangs alle Register gezogen hatte. Noch im Sommer 2007 musste ich ihn daran erinnern, dass die fünf Ringe für fünf Kontinente stehen und nicht für fünf Austragungsorte. Jetzt sollen die Ringe Wahlkampf machen, was der Münchner Bewerbung aber keinesfalls nützt, verbietet doch das olympische Reglement allen Bewerbern jedwede Verwendung dieses Symbols. Hilfe schaut anders aus.

Noch ärgerlicher dann die Geschichtsklitterung die Messe betreffend. Obwohl dieses Großprojekt von der sozialdemokratisch geführten Landeshauptstadt angestoßen, geplant und exakt zur Hälfte finanziert worden ist, also unbestreitbar eine Gemeinschaftsleistung von Stadt und Freistaat darstellt, beansprucht Schneider das alleinige Verdienst für die Staatsregierung. Solche Weltbetrachtung durch die Parteibrille langweilt doch nur noch. Und wirkungslos ist sie auch noch, weil die Münchner es selber besser wissen. Schließlich waren viele dabei, als ich den Grundstein für die Neue Messe legte, was man von Sigi Schneider nicht behaupten kann.

Aber bemerkenswert wird der „Wahlkampf-Auftakt" erst durch ein weiteres Thema: Die Moschee. Während sich der Münchner CSU-Vorsitzende Otmar Bernhard schon dafür feiern lässt, dass er das Lebensgefühl der modernen Großstadtgesellschaft entdeckt hat und Moscheebauten in Wohnquartieren keineswegs ablehnt, tönt der Staatskanzleichef, auch in hundert Jahren dürften hierzulande

„Kirchtürme nicht von Minaretten übertrumpft werden".

Nun kenne ich aktuell nur einen einzigen Plan für einen Moscheeneubau in München, er sieht am Gotzinger Platz in Sendling zwei schlanke Minarette von 41 Metern vor, während die benachbarten Türme von St. Korbinian breit und mächtig 53 Meter hoch das Ortsbild prägen. Ganz zu schweigen von den Türmen des Domes, der mehr als doppelt so hoch ist wie die filigranen Minarette. Und außerdem ist noch lange nicht ausgemacht, ob die Moschee tatsächlich finanziert werden kann, da es dem Münchner Moscheeverein, der übrigens hervorragend mit den christlichen Kirchen vor Ort zusammenarbeitet, an Finanzkraft fehlt, möglicherweise auch an Unterstützung aus dem Heimatland der türkischen Vereinsmitglieder.

Was soll da die Warnung, die Münchner Kirchtürme dürften nicht von Minaretten „übertrumpft" werden? Welcher Plan soll hier gebrandmarkt, welcher Fehlalarm ausgelöst, welche Stimmung angeheizt werden? Wäre das nur ahnungslos dahingesagt, könnte man darüber hinwegsehen. Aber ich unterstelle, dass der Minister Bescheid weiß und trotzdem, also wider besseres Wissen, Ängste stimuliert, mit denen

*wahrlich nichts zur Verständigung beigetragen
wird und auch nichts zur Integration, sehr wohl
aber einiges zur Belebung von Vorurteilen und
zur Ausgrenzung von Minderheiten.*

*Das Rezept ist mir aus vielen Wahlkämpfen
vertraut, seit den 60er-Jahren. Dabei muss
ich einräumen, dass die CSU diesmal bei der
Europawahl tatsächlich um ihr nacktes Überleben
auf europäischer Ebene kämpft. Da kann man
schon mal in Panik geraten.*

*Trotzdem wäre es eine schöne Vorstellung, dass
auch in Bayern einmal von der Staatsregierung
in Bierzelten und beim Fischessen genauso geredet
würde wie beim Jahresempfang des türkischen
Generalkonsulats oder beim Fastenbrechen
während des Ramadan. Dann wären wir mit
der Integrationspolitik tatsächlich einen großen
Schritt vorangekommen. Übrigens konnte ich
bei meinen letzten Besuchen in Istanbul nicht
nur katholische und armenisch-orthodoxe
Gottesdienste sowie Gebetshäuser der alevitischen
Minderheit besuchen, sondern auch in vielen
Fernseh-Diskussionen Religionsfreiheit für
Christen und Juden sowie Aleviten in allen
Landesteilen der Türkei fordern. Das kann
man glaubwürdig tun, wenn man für dieselbe
Religionsfreiheit auch im eigenen Land eintritt.*

Das sehen übrigens auch die katholischen Bischöfe so in ihrer gemeinsamen Stellungnahme zur „Moscheenfrage". Und als Jurist, der zurzeit die Grundrechte gegen europäische Relativierung verteidigt, müsstest Du doch auch Verständnis haben für diese verfassungsrechtliche Argumentation: Die Grundrechte in Deutschland müssen nicht nur unabhängig sein von europäischen Gremien und Institutionen, sondern auch von den Zuständen in fernen Ländern! Dagegen würde man aber verstoßen, wenn man die Religionsfreiheit hierzulande davon abhängig macht, wie es in muslimischen Ländern zugeht. Bei den Grundrechten dürfen wir durchaus einmal mit gutem Beispiel vorangehen und anschließend andere in die Pflicht nehmen.

Herzliche Grüße

Dein Christian

Kein Streit um Fleißbilder

Lieber Christian,

das war ja eine lange Schimpfkanonade beim letzten Mal. Tres échauffé über den oberbayerischen CSU-Chef Sigi Schneider. Reg Dich bitte ab!

Erstens: München Moschee: Deutschland ist nicht ausgenommen von der weltweiten Rückbesinnung auf die eigene, enger gefasste Kultur. Aber es gibt guten Grund zu hoffen, dass diese Welle bei uns – anders als in anderen Teilen der Welt – nicht zu einer Sturmflut wird. Unsere Bevölkerung hat eine gewaltige Integrationsleistung vollbracht, ohne dass es zu sozialen Spannungen großen Ausmaßes gekommen ist (wie in den USA mit den Hispanics oder bei den Franzosen mit den Nordafrikanern oder in den türkischen Städten mit den Landflüchtlingen). Aber unsere Leute wollen nicht von den Religionsverächtern der Moderne gezwungen werden, das kulturelle Gesicht ihrer eigenen Stadt total zu verändern. Ich weiß, dass Du zu diesen Religionsverächtern nicht gehörst und die Sache mit dem Gesichtsverlust einer Stadt (vielleicht) ganz anders siehst. Aber ich kann Dir nur schreiben, wie das Projekt Moschee in Sendling

und die Art, wie es die rotgrünen Volkserzieher
gehandhabt haben, bei uns angekommen ist:
Völliges Ausblenden eines absehbaren Konfliktes
vor der eigenen Haustür. Und das Fehlen jeden
Respekts vor den alten Anwohnern, die doch
zuerst da waren. Nochmal: Mir ist Hammelkeule
und Tee lieber als McDonald's und es gibt so
viele Wege zu Gott, wie es Menschen gibt. Die
Religionsfreiheit bei uns ist auch nicht abhängig
von ihrer Ausübung in anderen Ländern.
Nur: Wenn der türkische Staat bei uns durch
staatsgelenkte Organe wie Ditib und Ditim
selbst Moscheen baut, müssen wir doch wenigstens
diesen türkischen Staat an seine Pflicht zur
Gegenseitigkeit erinnern dürfen. Was auch ungut
war, war die aufgesetzte Umarmungsstrategie
schon am Anfang (Verzicht auf Bebauungsplan,
keine Bürgerbeteiligung, Grundstücksschenkung).
Und dass jeder Kritiker gleich zum Neonazi
gemacht wurde. Vor Moscheen als „exterritorialen
Trutzburgen und Propagandazentren einer
totalitären Parallelgesellschaft" hat nicht
der „Bayernkurier" gewarnt, sondern das
Nachrichtenmagazin „Der Spiegel", sogar in
einem Sonderheft. Ich halte den türkischen
Ministerpräsidenten Tayyip Erdogan für einen
global herausragenden Politiker. Aber seine
Aussage: „Die Minarette sind unsere Lanzen,

die Kuppeln unsere Helme, die Gläubigen unsere Armee" bringt mir das Ditib/Ditim-Projekt in Sendling nicht näher.

Zweitens: Messe München: Die Grünen wollten die Neue Messe in Riem nicht. Deshalb bleibt sie ein Riesenerfolg insbesondere der bayerischen Landeshauptstadt, aber nicht von Rot-Grün! Was gibt es da zu bestreiten? Der Erfolg der Stadt ist auch ohne die Hilfe des Staates nicht denkbar. Und umgekehrt: Nicht nur, weil es ohne Flughafenverlegung von Riem nach Erding keine Messeverlegung von der Theresienwiese nach Riem gegeben hätte. Du selbst hast am Erfolg der Neuen Messe besonderen Anteil (neben den Stadträten von SPD und CSU, die die notwendigen Mehrheiten beschafft haben, und unserem gemeinsamen Freund Otto Wiesheu). Mir als altem Münchener Kreisverwaltungsreferent tut der rote Ausschließlichkeitsanspruch in Sachen Isarmetropole immer ein bisschen weh. Haben wir Schwarzen in Eurer Erinnerungsarbeit denn gar nichts Positives für unser liebes München getan?

Drittens: Olympia: Lass doch den Minister Schneider die Olympiafahne schwenken. Wenn die Spiele wieder nach München kommen – also eine Stadt zum ersten Mal weltweit nach der

Sommer- auch die Winterolympiade erhält –,
ist der Erfolg so riesengroß, dass ihn der
Münchner Oberbürgermeister, der bayerische
Ministerpräsident und die deutsche Kanzlerin
selbst zu dritt kaum werden tragen können. Es
gibt schlimmere Schicksalsschläge. Wenn sich der
Staatsminister als Beauftragter Bayerns jetzt für
das olympische Projekt besonders einsetzt, ist das
für die Sache (und damit für Dich) gut und nicht
schlecht.

P.S.: Der Philosoph Peter Sloterdijk hat gerade
etwas über den Zorn in der Geschichte geschrieben
und über die Notwendigkeit der Wiederaufnahme
des politischen Kampfes (gegen die These vom
Ende der Geschichte).

Nochmal: Die Überwindung eindimensionaler
Sichtweisen (zu der ich Dir geschrieben hatte)
ist etwas anderes als der politische Kampf um
Anerkennung. Stolz und Ambition gehören zu
einer politischen Existenz. Trotzdem brauchen
sich Schwarz und Rot nicht um die Fleißbilder
der Öffentlichkeit so zu streiten wie alte Nutten
um die Komplimente ihrer Freier.

Stets der Deine

Peter Gauweiler

19. März 2009

So viel Angst vor Fremdem?

Lieber Peter,

*keine Sorge! Ich bin ja gar nicht ausgerastet!
So weit sind wir noch nicht, dass der
Wahlkampfauftakt der oberbayerischen CSU
meinen Adrenalinspiegel in die Höhe jagen
könnte. Ich wollte nur darauf hinweisen, wie weit
der politische Tagesbetrieb von Deinen Vorsätzen
entfernt ist, „eindimensionale Sichtweisen unserer
abgestandenen Ideologien zu überwinden".
Ausgerechnet bei dieser Kontroverse sind wir
in die alten Schützengräben parteipolitischer
Interessenwahrung zurückgerutscht. Ich gebe
ja zu: Ich habe angefangen. Gleichwohl sollten
wir nach dem Schlagabtausch versuchen, zu
Schlussfolgerungen zu kommen.*

*Du schreibst, dass Dir „als altem
Münchner Kreisverwaltungsreferent der
rote Ausschließlichkeitsanspruch in Sachen
Isarmetropole immer ein bisschen weh" getan
hat. Das ist verständlich, weshalb ich überhaupt
nicht verstehe, warum Du ein paar Zeilen weiter
solchen Ärger mit dem „Streit alter Nutten um
die Komplimente ihrer Freier" gleichsetzt. Als
bayerischer Sozialdemokrat kann ich Deinen
Schmerz sogar besonders gut nachfühlen, leiden*

wir doch seit einem halben Jahrhundert darunter,
dass sogar die landschaftlichen Reize Bayerns als
Verdienst der einst übermächtigen Staatspartei
hingestellt werden – obwohl es garantiert der liebe
Gott war und nicht Franz Josef Strauß.

Es mag schon sein, dass wir im Münchner
Rathaus dazu neigen, allzu viele Vorzüge dieser
Stadt auf eigenes Wirken zurückzuführen,
obwohl man die Beiträge der Wittelsbacher und
der Staatsregierung und der Wirtschaft wirklich
nicht unter den Teppich kehren sollte, vom
Fleiß, Geist und Charme der Menschen ganz zu
schweigen.

Für meine Person nehme ich aber in Anspruch,
mich immer um eine faire Bilanz bemüht zu
haben. Dazu gehört nun einmal, dass die Luft-
und Raumfahrtindustrie tatsächlich von Strauß
angesiedelt wurde, dass die Universitäten und
Pinakotheken, die Oper und das Residenztheater
auf Initiative und auf Kosten des Freistaates
zum Glanz Münchens beitragen. Dazu gehört
aber ebenso unbestreitbar, dass der Wiederaufbau
unter Thomas Wimmer und der Aufstieg
zur Olympiastadt unter Hans-Jochen Vogel
der sozialdemokratisch geprägten Stadtpolitik
zu verdanken sind. Und dass viele städtische
Leistungen und Angebote auch heutzutage

bundesweit keinen Vergleich scheuen müssen. Das sollte man halt auch nicht verschweigen, dann ergibt sich von selbst ein realistisches Bild.

Beim Flughafen und bei der Messe müssten wir uns doch mühelos darauf verständigen können, dass die Grünen beide Großprojekte abgelehnt haben, so dass es zur Realisierung eines Zusammenwirkens von CSU und SPD sowie von Stadt und Land bedurfte.

Gerne füge ich noch ein Beispiel bei, das für Dich und Deinesgleichen noch erbaulicher ist: Den Ausbau des Mittleren Rings hat tatsächlich die Münchner CSU mit einigen Mitstreitern gegen uns Rote und gegen die Grünen durchgesetzt (allerdings habt Ihr es dann Rot-Grün überlassen, die Finanzierung gegen Eure Stimmen sicherzustellen). Jede Partei möge mit ihren Verdiensten punkten, ohne zur Aufbesserung der Bilanz auch noch Geschichtsklitterung zu treiben.

Bedeutsamer scheint mir das Thema Moschee, auch wenn sie möglicherweise mangels Diridari gar nicht gebaut wird. Da müsste jetzt zumindest eine Annäherung möglich sein, nachdem Du ausdrücklich einräumst, dass die Religionsfreiheit bei uns nicht abhängig sein kann von der Praxis in anderen Ländern. Genau darum geht es:

Um die Gültigkeit von Grundrechten hier bei uns in Deutschland.

Einig sind wir uns auch darin, dass der türkische Staat, der hinter Moscheebauten in Deutschland steht, seinerseits in die Pflicht genommen werden muss, den Christen und Juden und anderen Minderheiten in der Türkei die hier beanspruchten Freiheiten ebenfalls zu gewährleisten. Genau dies fordere ich seit Jahren, gestützt auf das Münchner Beispiel, wie Städte mit religiösen Minderheiten umgehen sollten.

Schließlich stimmen wir auch überein im Befremden darüber, dass Minarette als Lanzen, Kuppeln als Helme und Gläubige als Armee bezeichnet wurden. Entsetzliche Worte! Aber genau deshalb sollten wir darauf hinwirken, dass Muslime sich nicht abschotten (lassen), sondern in wechselseitigem Respekt den Dialog aufnehmen, wie es in Sendling mit Hilfe der beiden Kirchengemeinden vorbildlich begonnen hat.

Aber es bleiben auch Differenzen: Warum nur sprichst Du von einem „Grundstücksgeschenk", das es in Wahrheit nie gegeben hat? Und warum fürchtest Du „eine totale Veränderung des kulturellen Gesichts der eigenen Stadt", wenn in München, diesem „deutschen Rom" mit

256 christlichen Kirchen eine einzige deutlich erkennbare Moschee innerhalb des Mittleren Rings stehen würde? Ist das nicht übertriebene Xenophobie, also Angst vor Fremdem? Obwohl München seit Ludwigs Zeiten davon lebt, sich Baustile fremder Länder angeeignet zu haben?

Herzlichst

Dein Christian

Machen wir einen Verfassungskonvent

Lieber Christian,

vielen Dank für Deine Warnungen vor der „Angst vor Fremdem". Der Verhaltensforscher Irenäus Eibl-Eibesfeldt sagt, dass diese Angst allen Menschen von Anfang an wie eingeboren ist – als Schutzreflex – und dass man die ungute Seite dieser Angst am besten überwindet, wenn man sich des Eigenen sicher sein kann. Stadt und Staat müssen deshalb Präferenzen setzen. Die Frage nach der Basis der Toleranz und den Voraussetzungen, die sie um ihrer selbst willen braucht, wird uns in unserem weiteren Briefwechsel sicher immer wieder beschäftigen. Wir dürfen nichts tun, was eines Tages als Beitrag zu einer Kollision mit dem finalen Eisberg wahrgenommen wird. Howgh.

Die Zeiten sind ja nicht nur kritisch, sondern auch interessant. In den Buchläden kursiert jetzt „Die Machtfrage / Ansichten eines Nichtwählers" des Spiegel-Redakteurs Gabor Steingart. Eine von Washington aus geschriebene Analyse über das deutsche Parteiensystem, die sich gewaschen hat: „Würde man den

Parteienstaat zum Gesamtstaat erklären –
Herzinfarkt als Massenphänomen würde
abgelöst durch Krankheiten, die auf Reizarmut
und Bewegungsmangel zurückzuführen
sind." 60 Jahre Bundesrepublik – Erfolg und
Erstarrung. Natürlich ist das Buch auch deshalb
empfehlenswert, weil es Dich und mich lobt.
Steingart zitiert ausführlich Deinen wirklich
sehr guten Kabarett-Text „Im Ortsverein" (hast
Du das wirklich straflos veröffentlichen dürfen:
„Gäbe es nicht Jahr für Jahr Zigtausende
Versammlungen solcher Art – woher sollten die
Leute eigentlich wissen, wie langweilig Politik
sein kann?"). Der besondere Wert des Buches
ist, dass Steingart bei der Kritik nicht aufhört.
Sondern einen Katalog von Vorschlägen vorlegt.
Ich hatte bei der Lektüre das Gefühl, als würden
mir meine eigenen Gedanken vorgelesen:

• „Keine verborgene Vorwahl mehr": Die
Nominierung von Frank-Walter Steinmeier
am Schwielowsee zum Kanzlerkandidaten war
die Sache von 7 Entscheidungsträgern, das
weltberühmte Frühstück in Wolfratshausen
und sein Ergebnis (die Kanzlerkandidatur
Edmund Stoibers) lag sogar in der Hand
von nur 2 Leuten. In Amerika nahmen
allein an der Kandidatenaufstellung für die

Präsidentschaftswahlen 2008 60 Millionen
Menschen teil. Ein Auswahlverfahren, das
spannend bis zum Schluss war und Appetit
auf mehr Demokratie gemacht hat. Also:
An die Stelle der bisherigen Nominierung in
Kungelrunden brauchen wird gerade für die
Spitzenämter ein für alle transparentes und im
offenen Wettbewerb praktiziertes Aufstellungs-
und Vorwahlverfahren, das Mitglieder und
Nichtmitglieder der Parteien in Deutschland
einbezieht.

• „Der Abschied vom Listen-Abgeordneten":
Es ist nicht demokratisch, dass die Hälfte
aller Bundestagsabgeordneten nicht von den
Wählerinnen und Wählern bestimmt wird.
Weder namentlich noch in einem persönlichen
Auswahlverfahren. Ansehen und Vertrauen des
Kandidaten in der Wählerschaft müssen wieder
wichtiger sein als das Votum der Parteigremien.

• „Bürgerpräsident": Steingart plädiert auch
dafür, die Rolle des Staatsoberhauptes im Rahmen
einer demokratischen Erneuerung aufzuwerten.
„Es gibt keinen vernünftigen Grund, dem Amt
des Bundespräsidenten die Direktwahl durch
das Volk zu verweigern." Zur Erinnerung:
Auch Horst Köhler sprach sich bei seiner
vorletzten Berliner Rede ausdrücklich für mehr

„plebiszitäre Elemente" aus. Es wird ihm nicht gefallen haben, dass die Festlegung der Person des Staatsoberhaupts – wie bei der ersten Wahl Köhlers geschehen – durch eine Kungelei in der Dachgeschosswohnung von Guido Westerwelle vor sich gehen konnte (Während die Festlegung auf Gesine Schwan bei der SPD diesmal durch einen Verbal-Überfall von Andrea Nahles auf den verängstigten Kurt Beck passierte. Außerhalb der Tagesordnung, wie es heißt. Unter Verschiedenes). Das ist alles von einer nicht unpeinlichen Komik, aber gut für die demokratische Kultur unseres Landes ist es nicht.

• „Das Volk befragen": Nahezu alle entwickelten Demokratien kennen das Recht auf Volksabstimmung in Einzelfragen. Auch Deutschland ist reif dafür. Ich glaube auch, dass wir uns für Volksbegehren und Volksentscheid auf eine bundesweite Regelung verständigen müssen, wie wir sie in der Bayerischen Verfassung seit langem haben. Horst Seehofer hat mir letzten Montag gesagt, dass er mit aller Konsequenz entschlossen ist, diesen Volksentscheid als Erstes für europäische Angelegenheiten durchzusetzen. Wenn er das schafft, wird das die weitreichendste Konsequenz aus der letzten bayerischen Landtagswahl sein. Und die beste.

*Vielleicht wird der Bayerische
Ministerpräsident eines näheren Tages wieder
zu einem Verfassungskonvent einladen. Nach
Herrenchiemsee zum Beispiel. Und Du und
ich laden ihn zu einem Vor-Konvent. Auf
einen Espresso zwischen Rathaus und dem
Promenadeplatz, wo es sonnig ist. Um nach
einem langen Winter endlich wieder im Freien
zu sein.*

Dein

Peter Gauweiler

Sowohl klug als auch töricht

Lieber Peter,

natürlich gebietet die Eitelkeit, Deinem interessanten erkenntnistheoretischen Ansatz zuzustimmen, wonach ein Buch nicht schlecht sein kann, wenn es uns beide lobt. Damit beweist der Autor ja immerhin schon einmal in zwei diffizilen Personalfragen erstaunliches Urteilsvermögen. Trotzdem weigere ich mich, bei Gabor Steingarts Bestseller „Die Machtfrage" nur Applaus zu spenden. Steingart gibt nicht nur glänzend formulierte Beobachtungen aus einem anödenden Politikbetrieb und aufmunternde Vorschläge zu seiner Belebung wieder, sondern auch schreckliche Ressentiments des deutschen Bildungsbürgertums nach der Melodie „Politisch Lied – garstig Lied".

Zunächst aber will ich ausdrücklich einräumen, wo ich mit seinem Buch und Deiner Kolumne übereinstimme:

„Der Abschied vom Listen-Abgeordneten" erscheint mir mittlerweile auch überfällig. Im Sozialkundeunterricht hatte ich noch brav gelernt und nachgeplappert, dass unentbehrliche Experten und verehrungswürdige Geistesgrößen

*auf der Strecke bleiben könnten, wenn es nur
noch Direktmandate gäbe. Inzwischen beschleicht
mich der Verdacht, dass Listenplätze vor allem
für jene kleine Zirkel behaglich sind, die sich
in allen Parteien weit vom Bürgerwillen
abgehoben haben und das Geschäft unter sich
ausmachen wollen. Viele sitzen nur im Landes-
oder Bezirksvorstand, weil dort die Reihung
der Listenplätze eingefädelt oder vorgenommen
wird. So legt sich der Mehltau auch noch auf die
Parteiarbeit.*

*Ganz offensichtlich richten sich hier viele darauf
ein, ohne jede Abhängigkeit von der Wählergunst
Berufspolitiker zu werden und auf jeden Fall
auch zu bleiben. Da imponiert mir Dein Beispiel
mehr: Du verlässt Dich darauf, den Stimmkreis
direkt zu erobern und verzichtest (mehr oder
weniger freiwillig, das weiß ich nicht) auf
jede Absicherung durch einen aussichtsreichen
Listenplatz. Solches Vorgehen strahlt nicht nur
Selbstbewusstsein aus, sondern schüchtert die
Konkurrenz auch noch ein, wie ich Dir versichern
darf.*

*Auch Vorwahlen könnten tatsächlich Schwung in
den Laden bringen, weil heutzutage viel zu kleine
Grüppchen die Weichen stellen. Allerdings halte
ich den Vergleich von 60 Millionen Menschen*

bei den US-Vorwahlen mit zwei Personen
beim „Wolfratshauser Frühstück“ (war nicht
auch Karin Stoiber als Dritte dabei?) für ein
wenig gewagt. Auch im Land der unbegrenzten
Vorwahlen dürften sich Interessenten gelegentlich
unter vier Augen austauschen, wessen
Kandidatur mehr Sinn macht.

Und noch ein Konsens: Das Amt des
Bundespräsidenten nicht länger kleinsten
Klüngelrunden auszuliefern, sondern durch eine
Volkswahl aufzuwerten, erscheint mir ebenfalls
angebracht.

Warum aber habe ich ein ungutes Gefühl bei
Deinem Europa-Plebiszit? Ich will es Dir sagen:
Es ist der Zeitpunkt. Niemals wurde in Europa
ein elementareres Regelwerk zur Entscheidung
gestellt als die „Europäische Verfassung“. Das
weiß kaum jemand besser als Du. Aber da habe
ich von keiner Unionspartei vernommen, dass das
Volk beteiligt werden müsste, auch Horst Seehofer
schwieg aufschlussreich.

Aber jetzt, nachdem die Jahrhundertentscheidung
in Deutschland gefallen ist, soll das Volk befragt
werden, und zwar gleich zu einer ganz aktuellen
Frage: Wie hältst Du's mit der Türkei? Da
liegt nun mal der Verdacht nahe, dass es nicht so

sehr um die Bewältigung europäischer Probleme geht, als um die Mobilisierung bestens bekannter Stimmungen.

Und warum soll ein Plebiszit, wenn wir es in Deutschland einführen, auf europäische Themen beschränkt werden? Soll nur den europäischen Gremien, aber nicht dem Deutschen Bundestag vom Volk hineinregiert werden dürfen? Das macht doch überhaupt keinen Sinn, es sei denn, die Reform solle nur Sand ins europäische Getriebe werfen. Das wäre aber schon ein fragwürdiger Ansatz.

Doch zurück zu Gabor Steingart: Er redet ausdrücklich davon, dass es ihm nicht um „Revitalisierung des Parteienstaats, sondern seine Überwindung" gehe. Und dafür propagiert er allen Ernstes die Wahlenthaltung! Nichtwählen als Ausdruck höchster politischer Kultur? Ist das Dein Ernst? Dann erzähle es bitte auch Deinen Wählern, die dann ja getrost zu Hause bleiben können und damit unser Gemeinwesen veredeln.

Ich halte Steingarts modische Attitüde, sich an die Spitze der Nicht-Wähler zu stellen, um auf diese Weise viele Menschen hinter sich wähnen zu können, für reichlich töricht. Vor allem ist seine These, Nicht-Wähler würden Nachdenklichkeit

*erzeugen und Reformprozesse erzwingen, völlig
wirklichkeitsfremd. Ich kenne Bürgermeister,
an deren Wahl nur ein Drittel der Berechtigten
teilgenommen hat. Da reichen 17 Prozent
der Bevölkerung, um eine Wahl mit absoluter
Mehrheit zu gewinnen. Das ist trostlos und hat
nirgendwo zu sprunghaftem Fortschritt geführt.
Eine andere Annahme hingegen ist nachweislich
wahr: Je mehr Demokraten zu Hause bleiben,
desto mehr Gewicht haben extremistische
Stimmen!*

Herzlichst, Dein Christian

Bayraminiz kutlu olsun!

Lieber Christian,

*tu was! Der Nockherberg-Darsteller von
Christian Ude sollte nicht kündigen müssen –
und um den Westerwelle-Spieler wäre es auch
schade. Und die Regisseurin, die als Dritte im
Bunde angeblich auch im Streit geht, hat ihr
Singspiel immerhin zu einem bundesberühmten
Kabarett-Olympia gemacht (auch wenn der
Seehofer-Spieler besser werden muss und von
„Beckstein" um Längen geschlagen wurde).
Also: „Never change a winning team", wie
wir Altbayern sagen. Sag's Deinen Freunden
behutsam: nicht immer gleich zurücktreten.
Merkt denn niemand, dass man die Firma
Paulaner gut behandeln sollte, solange sie nicht
pleite ist?*

*Unser letzter Briefwechsel ging um Volkes-
Stimme. Ich glaube, dass für Volksbefragungen
auch spricht, dass der oder die Einzelne in der
Wahlkabine weniger taktisch denkt als diejenigen
in unseren Parteien, die die Richtung bestimmen
(oder was sie dafür halten). Fast jede Dummheit
der Politik, die wir sie in den letzten 20 Jahren
haben begehen sehen, war ja direkt oder indirekt
von Taktik inspiriert. Meist auch noch ziemlich*

plump und leicht auseinanderzunehmen. Am
Beginn einer Fehlentscheidung steht bekanntlich
die falsche Ausgangsfrage: „Wie kommt dies
oder jenes an?"/„Wie komme ich an?" Und
in Sachen dieser falschen Fragestellung sind
Politiker (Du und ich natürlich nicht) mehr
gefährdet als Normalsterbliche. Beispiel: Mit
der Aussage, dass die Wiedervereinigung nichts
kosten würde oder dürfte, wurde diese Art
politischer Richtungsbestimmung en vogue.
Man kann das den Beginn der opportunistischen
Phase der deutschen Parteipolitik nennen (nach
der idealistischen Phase in der Gründerzeit der
Bundesrepublik und dann der realistischen oder
realitätsfixierten Phase in den Jahrzehnten
danach).

Natürlich würde einem übel bei dem Gedanken,
dass die neue Forderung der CSU nach
Volksbegehren in europäischen Angelegenheiten
nach der Europawahl gleich wieder vergessen
wird und nur dazu dienen sollte, ein paar
billige Punkte zu sammeln. Aber das liegt
ja auch an uns, ob wir das zulassen. Für
Volksabstimmungen in Sachen Türkeibeitritt
zu sein und gegen Volksabstimmung bei der
EU-Verfassung, geht in Zukunft natürlich
nicht mehr. Jedenfalls geht es nicht mehr bei der

CSU, wenn sie ihr neues Programm in wenigen Wochen beschlossen haben sollte. Natürlich sollte die neue CSU-Führung klarmachen, wie das neue Programmversprechen auf mehr Demokratie umgesetzt wird: Sei es durch einen Antrag auf Grundgesetzänderung im Deutschen Bundestag durch die CSU-Landesgruppe. Oder durch eine Initiative Bayerns im Bundesrat. Außerdem hätten es Deine Sozis ja immer noch in der Hand, im Bayerischen Landtag aktiv die Ernsthaftigkeit ihrer schwarzen Nachbarn bei diesem Thema durch eine Beschlussempfehlung zu testen. Mutige voraus!

Deine Bedenken, dass das Ganze nur eine Anti-Türkei-Initiative ist, teile ich nicht. Dagegen spricht schon der klare Text des neuen CSU-Programmentwurfs. Das Recht auf Volksabstimmung soll in Zukunft ja auch gelten, „wenn wichtige Zuständigkeiten von den Mitgliedsstaaten auf Europa übertragen werden". Und dass man die Erweiterung der EU von den bisherigen Mitgliedsvölkern beschließen lassen sollte (und natürlich auch von den Beitrittsvölkern), solltest auch Du befürworten. Schließlich verlangt das Grundgesetz sogar dann einen Volksentscheid, wenn in der kleinen Bundesrepublik Grenzen auch nur eines Bundeslandes durch ein neu umgrenztes Bundesland geändert werden sollen (Art. 29 GG). Dies muss dann erst recht für die Erweiterung der Europäischen Union gelten.

Über die Sache mit den Türken sollten wir in der Tat in allen Lagern gründlicher nachdenken als bisher. Sie sind heute ja zu unseren eigentlichen Nachbarn geworden. Nicht nur in unseren großen Städten. Und insofern sind sie uns näher – genauer: näher dran – als Franzosen und Engländer. Wer nur die konfliktbeladene Seite der Beziehung sieht, wird das Problem für unlösbar halten.

Wer Türken persönlich kennt, weiß dagegen ganz sicher, dass aus dieser Nähe ganz leicht Freundschaft entstehen kann. Und dass diese nun schon in der 3. Generation stattfindende Kohabitation dazu geführt hat, dass es keine Örtlichkeit in der Türkei gibt ohne Deutschsprecher und ohne gute Beziehungen nach Deutschland. Bis an die Grenze des Iran. Weil auch „unsere“ Türken Pendler sind zwischen ihrer alten Welt und der neuen deutschen. Dahinter stehen viel mehr Chancen,

*als man denkt, und mir ist das Thema zu
wichtig, als es mit dieser unguten Türkei-EU-
Beitrittsdebatte zu verderben.*

Bayraminiz kutlu olsun! (= Frohes Fest!)

Dein Peter Gauweiler

Mit Opportunismus aus der Krise?

Lieber Peter,

jetzt hat es mich wirklich gerührt, dass Du Dich um das Nockherberg-Ensemble sorgst! Aber was ich tun kann, um meinem Double den Arbeitsplatz in Bayerns Kabarett-Olymp zu erhalten, habe ich ja schon getan: Five years more, von jetzt an gerechnet. Wieso er künftig zwar mitspielen will, aber nicht mehr mitschreiben mag, habe ich selber nicht ganz verstanden. Mit Deinem „tu was!" überschätzt Du meine Einwirkungsmöglichkeiten erheblich.

Aber Recht hast Du, dass man was für die Paulaner tun muss, solange es sie gibt (die Brauer, nicht die Mönche). Wahrscheinlich kommt als Reaktion auf den Umsatzrückgang der Branche eine saftige Bierpreiserhöhung – dann bekommt das „Gebt, Leute, gebt!" von Bruder Barnabas beim Starkbieranstich seine tiefere Bedeutung. Gespannt bin ich auf die Begründung. Denn vom Paulaner-Bußprediger wissen wir, dass die eigenen Kosten keine Rolle bei der Preisgestaltung spielen dürfen (so hat er's jedenfalls von den Stadtwerken verlangt, und das muss dann doch auch ... aber lassen wir das).

Gut gefallen hat mir Deine Dreiteilung der deutschen Nachkriegsgeschichte: erst die idealistische Phase bei Staatsgründung und in der Folgezeit, dann die realistische Phase (gemeint ist wohl die Zeit, als erst die SPD die bereits erfolgte Westbindung und dann die Union die von Willy Brandt durchgesetzte Ostpolitik nachträglich anerkannte) und schließlich die opportunistische Phase, in der wir uns seit geraumer Zeit befinden und in der vor allem Gefälligkeiten verteilt werden. Gefragt ist, was ankommt (nicht: worauf es ankommt).

Volle Zustimmung zur Analyse. Aber jetzt die Probe aufs Exempel: Nirgendwo ist Ehrlichkeit so vonnöten wie bei Finanzfragen. Auch nirgendwo so schwierig. Schließlich will jeder mehr steuerliche Entlastung für sich und seinesgleichen, gleichzeitig mehr staatliche Unterstützung für seine Branche, mehr Geld für seine Arbeit und sowieso mehr Kinderbetreuung und bessere Bildung, Schutzschirme für alle in der Krise und Konjunkturprogramme vom Feinsten.

*War da nicht noch was? Richtig, die
Staatsverschuldung. Sie galt mal als Skandal und
Sünde an den Enkeln, dabei war sie „damals",
vor einigen Jahren, noch zwergenhaft im
Vergleich zum riesigen Wachstum in diesem Jahr.*

*50 Milliarden Neuverschuldung sind geplant.
Geplant! Und wenn es mehr werden in Zeiten
der Einnahmeverluste und unvermeidlichen
sozialen Mehrausgaben? Wenn die
Schutzschirme in dreistelliger Milliardenhöhe
tatsächlich in Anspruch genommen werden?
Allein Bayerns Landesbank, die Perle der
Staatsregierung, belastet nach Berechnungen des
Steuerzahlerbundes jeden Bayern, ob Baby oder
Greis, mit 10000 Euro pro Kopf.*

*Darf die Politik da, nur weil ihr selber
schwindlig wird von eigenen Zahlen, ganz
ungeniert zu schwindeln beginnen? Aus purem
Opportunismus? Und üppige Steuergeschenke
ankündigen? Also leere Versprechungen machen?
Im Ernst: Wie anders soll man das Versprechen
bewerten, dem Steuerzahler stehe eine gewaltige
Entlastung ins Haus, wenn er nur im Herbst bei
der Bundestagswahl sein Kreuz an der richtigen
Stelle macht?*

Und wer müsste dann diese Steuergeschenke, wenn es wider Erwarten jemals dazu käme, am Ende finanzieren, wenn nicht der Steuerzahler selbst, mit Zins und Zinseszins, versteht sich? Das gilt ja auch schon für die milliardenschwere Abwrackprämie und andere Rettungsaktionen überparteilicher Art. Alles auf Pump.

Ein Abschied von der „opportunistischen Phase" würde bedeuten, keine Milliarden mehr zu verteilen, für die der Empfänger später ohnehin auch die Rechnung erhält, sondern reinen Wein einzuschenken über die finanzielle Lage. Und dann das Geld dafür ausgeben, worauf es ankommt: mehr Kinderbetreuung, bessere Bildung, zukunftsfähige Infrastruktur. Und dann ehrlich sagen, dass sich dies nicht mit Steuersenkungen bezahlen lässt. Zumal wir den höchsten und immer noch wachsenden Schuldenberg der Nachkriegsgeschichte abzutragen haben. Mit Steuergeschenken kann man keine Rechnungen bezahlen. Sonst hättest Du mit Deinen Leuten (und meinen natürlich) ja nicht allein in dieser Amtsperiode über 15 Mal für Steuererhöhungen gestimmt. In Jahren, die uns schon bald als „die gute alte Zeit vor der Krise" in Erinnerung sein werden!

Wie wär's, die opportunistische Phase im Angesicht der Krise zu beenden – obwohl Wahlen vor der Tür stehen?

Dein Christian

23. April 2009

Germany's next Topmodel

Lieber Christian,

*also warnt Christian Ude – es ist wieder
Donnerstag – vor politischem Opportunismus
und vor allem vor Steuergeschenken: „... wer
müsste dann diese Steuergeschenke, wenn es
wider Erwarten jemals dazu käme, am Ende
finanzieren, wenn nicht der Steuerzahler
selbst ..." Wie wahr!*

*Wie ich noch diese Deine Kampfrede gegen
den Wettbewerb im Geldausgeben auf mich
einwirken lasse, wird mir die Süddeutsche
Zeitung vor die Nase gehalten, die mit folgender
Schlagzeile aufmacht: „SPD verblüfft mit
Wahlkampfprogramm: 300 Euro Bonus statt
Steuererklärung". So weit zu Deiner Warnung
vor „Steuergeschenken". Der Prophet gilt nichts
im eigenen Land. Jetzt also auch Du.*

*Sei bitte nicht traurig, dass sie Dir die Pointe
vermasselt haben. Das Kernanliegen jenes
300-Euro-Vorschlags ist ja nachvollziehbar: dass
Otto Normalverbraucher mehr in der Tasche
haben muss, wenn die Stimmung wieder besser
werden soll. Aber ein einmaliges Gute-Laune-
Geschenk für den sich nähernden Wahltag*

ist ja kein wirklicher Stimmungs-Aufheller,
selbst wenn es von der SPD kommt. Nur wer
für sich und die seinen dauerhaft mehr Geld
sein Eigen weiß, gibt es guten Gewissens im
Wirtschaftskreislauf wieder aus. (Was Du
zur Abwrackprämie schreibst, ist auch richtig,
einige Deiner und meiner Parteifreunde
verlangen ja jetzt sogar eine Abwrackprämie
für Kühlschränke, und neuerdings gibt es in
Mannheim die Prämie auch für Fahrräder, was
natürlich super ökologisch klingt.)

Du schreibst: „Mit Steuergeschenken kann man
keine Rechnungen bezahlen“. Auch richtig.
Aber das gilt leider für alle Rechnungen,
die täglich hereinflattern; nicht nur bei den
Stadtkämmerern, sondern bei uns allen! Aber
nur wenn Otto Normalverbraucher Geld hat,
um seine Rechnungen zu bezahlen, haben wir alle
Geld. Und nur dann hat auch der Staat Geld.
Insofern ist die Privatkasse (von allen) wichtiger
als die Staatskasse.

Nenne es von mir aus „Konjunkturprogramm
Drei“ – aber nachdem die Verbesserung der
Bürgerkasse durch mehr Lohnerhöhungen bzw.
durch mehr Gewinn derzeit schlecht geht, muss
der Staat bei der Steuer kürzertreten. Und den
Leuten weniger Geld abnehmen. Ist das so schwer

*zu verstehen? Nur dann springt der Motor
wieder an.*

*Ja, ich weiß, geht alles nicht, weil: der Staat soll
mehr Geld ausgeben für „mehr Kinderbetreuung,
bessere Bildung, zukunftsfähige Infrastruktur".
Herrlich. Jetzt sind wir wieder da, wo wir im
letzten Jahr bei der Erbschaftsteuer aufgehört
haben. Ich hatte Dir von den Problemen
bei so vielen Mittelständlern und Groß-
Familienunternehmen geschrieben. Alles
nachrangig im letzten Jahr – die 4 Milliarden
mussten auch noch hinein in die Finanzkassen.
Diese 4 Milliarden, die den Herren Oettinger
und Struck damals ach so unverzichtbar
für Kinderbetreuung etc. pp. schienen und
zwischenzeitlich auch vielfach ausgegeben sind,
sind aber gar nicht in die Kinderbetreuung
gegangen, sondern doch wohl eher in die
Sanierung der Landesbanken. (Die Mütter sollen
zwischenzeitlich nach einem neuen BGH-Urteil
in Sachen „Betreuungsunterhalt" – nunmehr
ja sogar ab dem 3. Lebensjahr des Kindes für
ihre Kleinsten aushäusig und für Fremde
arbeiten müssen, um den verlustig gegangenen
Vater finanziell entlasten und die Kinder
ganztags staatlich aufbewahren zu können –*

gesellschaftliche Neukosten, die paradoxerweise niemanden aufregen.)

Ich finde es gut, dass sich in Eurem Wahlprogramm wenigstens „im Kleingedruckten" (Neue Zürcher Zeitung) doch noch der anerkennenswerte Steinmeier'sche Sinn für das Maß durchgesetzt hat, als nicht mehr die Wiedereinführung der Vermögensteuer gefordert wird. Aber was soll im Großgedruckten des Programms dieses Schüren von Misstrauen gegenüber „Reichen" und die Forderung nach immer höheren Steuern für „Besserverdienende". Hat die SPD das nötig? Die Strategie diffamierter Negativgruppen ist ein hässliches Relikt des 20. Jahrhunderts.

Jetzt ballen ausgerechnet jene die Schreibtischfaust, die vor nicht langer Zeit als rot-grüne Modernisierer dem Management in Deutschland eine Macht- und Geldfülle verschafft haben, die bis heute ohne Beispiel ist. Während das mit eigenem Geld und Risiko arbeitende mittelständische Unternehmertum (und die Familienunternehmer), deren Ruf für den Erfolg der Marktwirtschaft weltweit eigentlich legendär war und immer noch ist, tief in die Röhre blicken durften und dürfen.

Ich weiß, dass Euer Programm trotzdem (und trotz der 300-Euro-Geschenk-Idee) ein unspektakuläres Papier ist, und wir werden bis zum 27. September noch einige solcher Papiere bekommen – es wird von allen Mitspielern gepost (posing = Posen machen) wie bei Germany's next Topmodel.

Aber den Zug kriegen wir nicht mit Posen flott, sondern nur mit dauerhaft weniger Steuern. Für alle, von oben bis unten. Trotzdem: Viel Glück beim Geld-Suchen!

Dein Peter Gauweiler

Topp, die Wette gilt!

Lieber Peter,

was für ein gefundenes Fressen! Verkündete die SPD doch tatsächlich am selben Tag, an dem ich hier vor unbezahlbaren Steuergeschenken und Wahlkampfversprechen gewarnt habe, dass es künftig „300 Euro Bonus statt Steuererklärung" gebe. Über diese unverhoffte Beute hast Du Dich dann gleich recht gierig hergemacht. Aber kann man hier wirklich von einer unbezahlbaren Geschenk-Idee sprechen? Da hättest Du Dich besser informieren müssen, was Deine eigenen Parteifreunde und publizistischen Mitstreiter vertont haben. Da wurde lauthals vor dem Bonus gewarnt, weil er nur einem winzigen Bruchteil der unteren Einkommensschichten tatsächlich zugutekomme und in vielen Fällen höhere Erstattungsansprüche gegen den Staat verkürze.

Der „Focus" rechnete vor, dass alle Freiberufler, Gewerbetreibenden und Selbständigen keinen Anspruch auf den Bonus hätten, dass auch kein Arbeitnehmer zum Zuge komme, der Einnahmen aus Vermietung und Verpachtung habe, ebenso keiner, der einen Nebenverdienst von mehr als 410 Euro im Jahr erziele. Auch Arbeitnehmer, die Kranken- oder Elterngeld erhalten, hätten keine Chance auf das pauschale Entgelt. Und selbst die Berechtigten müssten höllisch aufpassen, ob sie nicht mit dem Antrag auf den Bonus richtig Geld verlieren, weil ihnen eine höhere Erstattung zustehe. Das sind ja durchaus gewichtige Argumente, nur kann man der SPD dann nicht gleichzeitig vorwerfen, dass sie ein Füllhorn von Steuergeschenken über dem Wahlvolk ausschütte. Weil im SPD-Programm auch höhere Steuern für Spitzenverdiener und Börsenumsätze enthalten sind, sprach Deine Union sogar von einem „Programm der Abzocker". Also bitte: Überlegt Euch doch Eure Vorwürfe etwas gründlicher, Gegensätzliches kann man nicht in einem Atemzug behaupten.

Da Du bei Deiner Aussage bleibst, wir könnten den Zug „nur mit dauerhaft weniger Steuern" flottbekommen, biete ich Dir eine Wette an. Falls Deine Partei, was wir beide ja nicht ausschließen können, auch der nächsten Bundesregierung angehören sollte, wird es keine Steuersenkung geben, die auch nur annähernd an das Volumen der Mehrwertsteuer-Erhöhung zu Beginn von Angela Merkels Amtszeit heranreicht. Dieses Wettangebot gilt für die gesamte Legislaturperiode, die Zahlung wird also erst 2013 fällig. Als Einsatz schlage ich drei Kolumnen-Honorare vor, so viel muss uns die

Glaubwürdigkeit unserer Aussagen, die wir hier der Leserschaft dieser Zeitung unterbreiten, schon wert sein. Schlag ein: Topp, die Wette gilt!

Ich bin mir meiner Sache so sicher, weil ich mich noch plastisch erinnern kann, wie die Münchner CSU jahrelang unter dem Jubel der Wirtschaft versprochen hat, die Münchner Gewerbesteuersätze zu senken. Dann bekam sie 1978 doch tatsächlich die absolute Mehrheit und hat trotz dieser beachtlichen Machtfülle die ganze Amtszeit über, also sechs Jahre lang, die Gewerbesteuersätze um keinen einzigen Punkt gesenkt. Grund: Die Stadt brauche Geld, um in die Zukunft zu investieren. Warum war damals nicht davon die Rede, dass man den Karren nur mit Steuersenkungen wieder flottkriegen könne?

Über meinen Hinweis, dass Deine Leute zusammen mit meinen Leuten über 15-mal allein in dieser Amtsperiode für Steuererhöhungen gestimmt haben, hast Du Dich souverän hinweggesetzt. Hättet Ihr dies auch gemacht, wenn man mit Steuersenkungen tatsächlich die Wirtschaft so ankurbeln könnte, dass unterm Strich beim Staat mehr eingeht?

Ich reite auf dem Thema so ausführlich herum, weil es meiner festen Überzeugung nach die

Schlüsselfrage dafür ist, ob die Wählerinnen und Wähler den Parteien Glauben schenken können oder nicht.

200 Milliarden staatliche Mindereinnahmen auf Grund der Krise werden zur Zeit prognostiziert, weit größere Schreckenszahlen werden bald auf uns zurollen. Der Zuschussbedarf der sozialen Sicherungssysteme wird bald schon wieder rasant steigen. Die Neuverschuldung verschlägt allen die Sprache. Ganz im Ernst: Wer soll da glauben, dass der Staat in den nächsten Jahren milliardenschwere Wohltaten verteilen kann, wozu er in den wahrhaft fetten Jahren der Hochkonjunktur unter christdemokratischer Kanzlerschaft nicht in der Lage war?

Lustig war, dass für CSU-Vorsitzende nach dem Machtwort von Horst Seehofer jetzt das Dogma der Unfehlbarkeit gelten soll, beginnend mit Franz Josef Strauß. Man fragt sich nur, warum er als Verteidigungsminister zurücktreten musste. Und ob die Beschaffung der Starfighter wirklich wieder vorbildlich sein soll. Ich hätte nie gedacht, dass ich jemals in die Verlegenheit käme, Christine Haderthauer in Schutz zu nehmen, aber ihr schüchterner Einwand, Strauß sei heutzutage vielleicht nicht für jeden ein Vorbild, hätte wirklich nicht gleich zu

Tatzenschlägen des Oberlehrers und Klassenkeile der FJS-Fangemeinde führen müssen. Ich weiß und respektiere, dass Du Strauß mit seiner beachtlichen Lebensleistung verehrst wie ich Willy Brandt, aber soll deshalb wirklich schon jede Differenzierung des Urteils, jede Neubewertung mit heutigen Maßstäben unter Strafe gestellt werden? Das kann, hoffe ich noch immer, nicht wirklich Euer Ernst sein.

Herzlichst

Dein Christian

14. Mai 2009

Bürgerkasse wichtiger
als Staatskasse

Lieber Christian,

*schwierig, schwierig. Deine Wette nehme ich
gerne an. Aber nur, weil sie erst im Jahr 2013
fällig werden soll. Du bist ja dann immer noch
Oberbürgermeister und wirst einen alten, wegen
Wettschulden verarmten Advokaten nicht
abweisen, wenn er um eine Suppe bittet.*

*Bekanntlich soll man ja Voraussagen vermeiden,
„vor allem solche über die Zukunft" (George
Bernard Shaw). Aber Du hast es gewagt, und
ich lese Deine Prognose so, dass die von unseren
CSU-Leuten versprochene Steuersenkung Deiner
Erwartung nach geringer ausfallen wird als das,
was beim letzten Mal mit der Mehrwertsteuer-
Erhöhung zusätzlich abkassiert wurde. Das
klingt nicht unwahrscheinlich – mindestens so
wahrscheinlich wie die vielen Prognosen über ein
Zusammengehen von SPD und Linkspartei bis
2013: Wenn sich dazu eine Mehrheit bietet und
Frank-Walter Steinmeier – sagen wir einmal –
durch den wunderbaren Klaus Wowereit ersetzt
wird. Sei doch kein Spielverderber und lass
uns auch darüber wetten – sofern Du wirklich*

anderer Meinung bist – nur so zum Spaß. Allerdings setzt diese ganze Wetterei voraus, dass SPD und Union das Jahr 2013 erleben, zumindest in einem vorzeigbaren Prozent-Korridor als „große Volksparteien" werkeln können. Nicht zerbröselt sind, wie es in den 90er-Jahren den italienischen Sozialdemokraten und den Democristiani ergangen ist. Genau das wird aber passieren, wenn sich die Leute von unseren Volksparteien abwenden. Und sie werden sich abwenden, wenn – wie diese Zeitung gestern auf der Seite 1 berichtet hat – weiter „Normalverdiener hierzulande so stark mit Steuern und Sozialabgaben belastet werden wie in kaum einem anderen Industrieland". Unter den 30 OECD-Ländern kommt Deutschland auf den zweithöchsten Wert, wie aus einer in Berlin vorgelegten Studie hervorgeht. Nur in Belgien ist die Belastung noch höher.

Noch mal – lieber Christian – das müssen wir ändern. Und auch die SPD sollte das ändern wollen. Die Linkspartei will das natürlich nicht ändern, weil es ihrer Philosophie widerspricht. Aber sollte sie tatsächlich in Deutschland ans Ruder kommen, wird sie an dieser Philosophie – denen, die etwas haben, wird abgenommen, bis es kracht – scheitern. So wie bis 1989 ihre

*Vorgänger in der DDR auf grausame Weise
geschertert sind. Bürgerkasse ist wichtiger
als Staatskasse. (Dass es gegen diese Einsicht
auch zähen Widerstand bei Fiskalisten in der
CDU gibt, ist bekannt.) Aber weil Du mich
auf den vermeintlichen Widerspruch zur
Steuerpolitik „in den wahrhaft fetten Jahren
der Hochkonjunktur" hingewiesen hast –
also ausgerechnet jetzt Steuersenkungen zu
verlangen, noch mal: Der Staat darf gerade
in mageren Jahren den Leuten nicht so viel
Geld abnehmen wie vorher. Vor allem nicht,
wenn er die Kauf- und Investitionslaune seiner
Bürger gewaltig steigern will und muss. Über
die Konjunkturprogramme 1 und 2 haben wir
uns ja zur Genüge ausgetauscht. Zu allem, was
man jetzt weiß, gehört doch auch die Erkenntnis,
dass nachfrageseitige Konjunkturmaßnahmen
nicht unbedingt zur Lösung von angebotsseitigen
Strukturproblemen der Volkswirtschaft beitragen,
sondern diese möglicherweise sogar verschärfen
können. Mehr will man dazu als einer, der diese
Programme mitbeschlossen hat, gar nicht sagen
müssen.*

*Und noch etwas: Die Links-Koalition ist im
bundesdeutschen Wahl-Toto der eine Tipp, der
andere ein schwarz-gelbes Bündnis zwischen*

Union und FDP. Oder als Drittes irgendetwas
Gemischtes von Schwarz oder Rot mit FDP
und Grünen. Aber es gibt noch ein Viertes: Dass
die jetzige Koalition der immer noch großen
Volksparteien fortgesetzt wird. Obwohl alle
darüber schlecht reden, und weil diese zweite
Große Koalition unserer Zeitgeschichte so
schlecht gar nicht war. Was ich befürchte ist, dass
jetzt wieder so viel gewahlkämpft und in den
nächsten Monaten so viel Porzellan zerschlagen
wird, dass ein sinnvolles Zusammenwirken
unmöglich wird. Das aber ist nicht im Interesse
des Landes. Gerade wenn in einigen Monaten das
Kurzarbeitergeld ausgelaufen und die eigentliche
Krise da sein wird.

Eigentlich wollte ich noch etwas zur Reise von
Papst Benedikt ins Heilige Land schreiben. Und
warum dieser bedeutendste Sohn unter den
Lebenden unseres Volkes so angefeindet wird.
Immer wieder. Zur Aufklärung dieser Frage
könnten wir beide vielleicht einen kleinen Beitrag
leisten. Sofern das aktiven deutschen Politikern
überhaupt möglich ist. Aber ich bin Dir vom
letzten Mal noch eine Antwort zu Christine
Haderthauer schuldig. Also: Sei unbesorgt.
Christine Haderthauer hat die Wahlniederlage
der CSU vom letzten Jahr wirklich gut überlebt.

An ihrer kritischen (?) FJS-Bemerkung kann sie nicht scheitern. Minima non curat praetor – Übersetzung beim nächsten Mal.

Dein alter Brieffreund

Peter Gauweiler

In der Muppet Show

Lieber Peter,

*wenn ich Deine letzte Kolumne richtig
verstanden habe, hast Du mein Wettangebot
angenommen, auch wenn Du vorsorglich schon
um Milde bittest, falls Du wegen Wettschulden
verarmen solltest. Topp, die Wette gilt tatsächlich:
Ich wette, dass eine Regierung unter Führung der
CDU und Beteiligung der CSU in der gesamten
nächsten Legislaturperiode keine Steuersenkung
beschließen wird, die auch nur annähernd das
Volumen erreicht, das mit der Erhöhung der
Mehrwertsteuer zusätzlich abkassiert wird.*

*Die Begründung wird lauten, dass es angesichts
der Finanzlage, von der man leider erst nach der
Wahl Kenntnis erhalten hat, leider nicht möglich
ist, auf Einnahmen zu verzichten.*

*Freilich will ich mich nicht lumpen lassen und
deshalb auch Deine Wette annehmen: Es wird
bis 2013 keine Koalition auf Bundesebene unter
Beteiligung von SPD und Linkspartei geben.
Ich betone dies nicht etwa aus dem Grund,
dass ich die Linkspartei für eine satanische
Zusammenrottung hielte, sondern schlicht
deshalb, weil die Linke Regierungsverantwortung*

scheut wie der Teufel das Weihwasser und weil die
führenden Sozialdemokraten mit den heutigen
Repräsentanten der Linken auf Teufel komm raus
nicht zusammenwirken wollen.

Aber selbstverständlich haben alle Absagen an
kleine Parteien ein Verfallsdatum. Nur mit
Schmunzeln kann man sich erinnern, wie sich
Du und deinesgleichen vor Abscheu geschüttelt
haben, als die grünen Schmuddelkinder
erstmals die Frage aufwarfen, ob man sie
nicht mitregieren lassen sollte. Alle CSU-
Repräsentanten vom alten Schrot und Korn
haben sich damals schon beim bloßen Gedanken,
die Grünen könnten in irgendein Koalitionsbett
steigen, blitzschnell bekreuzigt. Und heute?
Man reibt sich die Augen: Meine Nachfolgerin
beim Deutschen Städtetag, die Frankfurter
Oberbürgermeisterin Petra Roth, regiert die
Main-Metropole zusammen mit den Grünen,
und Euer Star des Nordens, Ole von Beust,
wagte sogar in der Hansestadt ein Bündnis
mit der einstmals Alternativen Liste. Jetzt
träumen Deine Münchner Epigonen davon,
die Grünen könnten eines Tages die Asyl-,
Ausländer- und Atompolitik verzeihen und als
Mehrheitsbeschaffer zusätzlich einspringen, weil
die FDP allein nicht reicht.

Da Du Deine Kolumnen bildungsbürgerlich auf lateinisch gekrönt hast, will ich es Dir gleichtun: Tempora mutantur et nos in illis. Die Zeiten ändern sich, und wir mit ihnen. Wahrscheinlich werden wir beide als Politrentner in der Loge – den beiden Alten in der Muppet Show nicht unähnlich – noch erleben, dass die CSU unter ihrem neuen Markenzeichen der Beliebigkeit auch die Linke als Koalitionspartner nicht ausschließt ... In manchen Städten des Ostens ist es ja längst so weit, gelegentlich gab es sogar schon gemeinsame Kandidaten von Union und Linkspartei. Und kein böses Wort von „Mauermördern", wie es hierzulande noch in raubauzigen Deklarationen ertönt.

Am bedeutsamsten fand ich in Deinem letzten Brief den unspektakulären Satz, es gebe neben den wirklich höchst fragilen Dreier-Konstellationen unter gleichzeitigem Einschluss von Grünen und Liberalen ja auch noch die Möglichkeit, „dass die jetzige Koalition der immer noch großen Volksparteien fortgesetzt wird". So ist es. Denn nicht allzu viel spricht dafür, dass sich die Mehrheitsverhältnisse seit der letzten Bundestagswahl grundlegend ändern. Deshalb sollte man eine Konstellation, die vielleicht am Ende als einzige mit

*realistischer Perspektive übrig bleibt, nicht
voreilig ausschließen oder destruktiv madig
machen, obwohl natürlich beide Volksparteien
im Wahlkampf zunächst einmal einen neuen
Aufschwung unter ihrer jeweiligen Führerschaft
verheißen müssen. Aber wenn es nicht reicht ...?*

*Vor zwei Wochen tagte der Deutsche Städtetag in
Bochum. Die Kanzlerin, die in ihrem Leipziger
Programm noch die Gewerbesteuer abschaffen
wollte, versprach den Städten, diese wichtigste
Finanzquelle der Kommunen ungeschmälert
sprudeln zu lassen und allem Druck der
Wirtschaftsverbände standzuhalten. Damit
nicht genug: Sie sagte auch zu, nach Kräften
daran mitzuwirken, dass die Sparkassen nicht
in den Strudel der Finanzkrise gezogen werden,
sondern in ihrer rechtlichen und wirtschaftlichen
Selbstständigkeit erhalten bleiben.*

*Das klang fast schon so, als ob sie im tiefsten
Grunde ihres Herzens ein wenig Angst vor
Schwarz-Gelb hätte, wo sich solche Versprechen
nicht erfüllen lassen, aber einer knappen
Parlamentsmehrheit, wenn sie denn überhaupt
zustande käme, größte wirtschaftliche Probleme,
tiefste finanzielle Abgründe und schärfste
gesellschaftliche Konflikte ins Haus stünden.*

Ich stimme Dir zu, dass „diese zweite Große Koalition unserer Zeitgeschichte so schlimm gar nicht war". Vor allem, wenn ich die Alternativen bedenke. Lass uns also weiterhin das Florett zücken, ohne alles Porzellan zu zerschlagen.

In nunmehr schon alter Brieffreundschaft

Dein Christian

Opel, der Milchpreis und die Phantasie

Lieber Christian,

„Opel sagt Danke!" Bei der Lektüre dieser Zeitungsannonce vom gestrigen Mittwoch muss ich an meinen älteren Vetter Werner denken, und wie er sich vor 100 (?) Jahren einen Opel Manta gekauft hat. Mit Fuchsschwanz. Ich habe ihn glühend beneidet. Damals sahen die Autos noch nicht alle gleich aus und waren nach Marken erkennbar. „Siehst Du den Mann da, in seinem Manta?" Jetzt – genauer: seit längerer Zeit – fährt Opel Rüsselsheim auf platten Reifen, und wir beide dürften auf die Frage, ob das Werk durch die Berliner Staatsbürgschaft dauerhaft gerettet werden wird, antworten wie Angela Merkel und Frank (Walter) Steinmeier: „Wir wissen es nicht." Trotzdem: Es war zu mindestens 51% richtig, die vorläufige Rettung von Opel auch mit Staatshilfe zu versuchen. Nicht nur, weil das Soziale-Marktwirtschafts-Deutschland nicht tatenlos zusehen kann, wenn um dessen riesige Werke fünf Industrieregionen kaputtgehen (es trifft ja nicht nur die Autobauer, die in den Werkshallen schuften, sondern neben der gesamten Zulieferindustrie auch jedes

Ladengeschäft der betroffenen Region, jeden
Bäcker, jeden Gastwirt, eigentlich alle) – die
deutsche Politik kann nicht 150 Milliarden
Euro für Hypo Real Estate und IKB auswerfen,
aber bei Opel wegen 1,5 Milliarden nur mit
den Achseln zucken. Die 49% Gegengründe
von Guttenberg sind auch richtig und mussten
gesagt werden. Aber man musste es zumindest
versuchen. Wäre BMW betroffen, täten wir das
Gleiche. Oder noch mehr.

Der Autosektor ist ja von enormen
Überkapazitäten geprägt – aber ein gemeinsames
Autoprojekt gerade mit Russland ist nicht ohne
Chance. Hunderte Millionen Menschen auf
der nicht so begüterten Seite unseres Planeten
warten auf einen fahrbaren Untersatz mit
vier Rädern und würden gerne ihr Fahrrad
oder Moped wegstellen und lieber Auto fahren.
Gerade weil Opel unter seinem lieblos gewordenen
amerikanischen Management in den letzten
Jahren nicht mehr durch Kreativität und
Markenimage aufgefallen ist: Autos sind Emotion
pur, und warum sollten wir nicht gemeinsam
mit Russland das weltweit attraktive Volksauto
der Zukunft bauen können – mit Russland, dem
wiederauferstehenden Kontinent vor unserer
Haustür (verbunden mit einer landschaftsschönen

Autobahn von Berlin bis zum Ural und von München zum Schwarzen Meer).

Nächstes Thema! Etwas mehr Phantasie könnte uns auch in der frustrierenden Debatte über den Milchpreis und seine (ihre) Macher helfen. Aldi oder Lidl haben eine Menge billigere Angebote für Milch aus ganz Europa, mit denen sie auf ihren Prospekten, die wir wöchentlich im Briefkasten finden, werben. Sie werben mit den Preisen für Butter und Milch, weil diese Preise jeder im Kopf hat und deshalb vergleichen kann. Das ist für diese Konzerne hoch politisch – aber politisch ist auch, ob wir in absehbarer Zeit in Oberbayern oder im Allgäu keine einzige Kuh mehr auf den Weiden sehen werden. Diese Annahme wäre erschreckend, und es ist die Aufgabe einer modernen Umweltpolitik, die landwirtschaftliche Struktur dieser unserer Regionen zu erhalten.

Wenn wir – auch aus Gründen einer langfristigen Versorgungssicherheit in weltwirtschaftlich mageren Jahren – die Milcherzeugung hierzulande sichern wollen, muss uns die Landschaftspflege durch einheimische Milcherzeuger mehr wert sein als bisher. Eine Neuausrichtung der Agrarpolitik muss mit selbst bestimmbaren regionalen

Landschaftspflegeprogrammen verbunden
sein. Das ist keine „Subvention", sondern
Arterhaltung. Und sollte Anliegen nicht nur
der CSU, sondern aller bayerischen Parteien
und Gruppierungen sein. Ob wir unter dem
Brüsseler Gehäuse überhaupt noch genug Luft
in die Pumpe bekommen, um so etwas wie
„Politik" für die bayerische Landwirtschaft noch
machen zu können (dürfen), entscheidet sich
am 30. Juni. Für diesen Termin hat mich der
2. Senat des Bundesverfassungsgerichts nach
Karlsruhe geladen, um über meine Klage gegen
den Lissabon-Vertrag das Urteil zu sprechen.
Ich werde Dich auf dem Laufenden halten. Bitte
wünsche mir Erfolg.

Herzlichst,

Dein Peter Gauweiler

Von Ackerbau und Viehzucht –
Neues vom Ökobauern

Lieber Peter,

es war wirklich ein Glücksfall, dass am letzten Donnerstag Fronleichnam war und an diesem Tag kein „Münchner Merkur" erschien – so blieb es mir erspart, einen aktuellen Kommentar zur Europawahl schreiben zu müssen. Wer leckt schon gerne in aller Öffentlichkeit seine Wunden?

Selbst wenn wir die Prozentzahlen unserer Parteien gerne verdrängen (ich habe dazu noch mehr Anlass als Du), sollten wir über einen alarmierenden Sachverhalt kein Gras wachsen lassen: Darüber, dass eine stattliche Mehrheit der Wähler zu Hause geblieben ist und nicht einmal die bequeme Gelegenheit zur Briefwahl nutzte. Wer darin nur Denkzettel für die heutigen Akteure sieht und sich vielleicht klammheimlich über die Ohrfeigen freut, die sie von Nichtwählern erhalten haben, macht es sich zu leicht.

Das Desinteresse, das sich in Wahlenthaltung geäußert hat, gilt ja nicht nur der Regierungskoalition, sondern auch allen Oppositionsparteien, nicht nur dem europäischen

*Einigungsprozess, sondern auch seinen Kritikern.
Und wenn sich in Zukunft der Gesetzgeber
nicht mehr auf die Legitimierung durch die
Bevölkerungsmehrheit stützen kann, wird der
Erosionsprozess nicht nur den Parteihierarchien
zusetzen, sondern dem Gemeinwesen insgesamt.
Hoffen wir also, dass sich bei der Bundestagswahl
im September mehr Wahlberechtigte zu einem
Votum aufraffen – sie brauchen ja nicht gleich
die falsche Partei zu wählen (worüber wir uns, so
allgemein gesprochen, sicher einig sind).*

*Mit Deiner letzten Kolumne stelle ich erstaunlich
viel Einverständnis fest. Ich bin mir auch zu
etwa 51 Prozent sicher, dass die Staatshilfe
für Opel richtig war. Man muss nämlich die
Folgen und Kosten unterlassener Hilfeleistung
ebenfalls bedenken, vom Arbeitslosengeld
über die Steuerausfälle und den Ruin der
Zulieferer bis zur Verarmung ganzer Regionen.
Trotzdem bleibt der Einwand, dass Staatshilfe
unbestreitbare Überkapazitäten nicht dauerhaft
am Leben erhalten und sinnvoll auslasten
kann. Meiner Meinung nach war es nicht
nur das gute Recht, sondern sogar die Pflicht
des Bundeswirtschaftsministers, auf dieses
strukturelle Risiko hinzuweisen. Er sollte
deshalb nicht zum Buhmann erklärt werden,*

*wie es ja auch unangebracht ist, ihn nur wegen
weltgewandter Auftritte über den grünen Klee
zu loben, obwohl er noch gar keine Chance hatte,
politische Leistungen zu erbringen.*

*Wenngleich ich im Gegensatz zu meinem
Amtsvorgänger Georg Kronawitter, der ja
seinen Ehrentitel „der grüne Schorsch" als
Landwirtschaftsexperte erworben hatte, keine
Ahnung von Ackerbau und Viehzucht habe, (bin
halt ein Großstadtgewächs), stimme ich Deinen
Ausführungen gegen das Preisdumping auf
dem Milchmarkt und für die Schutzwürdigkeit
der heimischen Landwirtschaft schon wegen
ihrer Bedeutung für Landschaftspflege und
Versorgungssicherheit zu. Falls Dich dies
überrascht: Ich bin immerhin – trotz der
eingangs eingeräumten Ahnungslosigkeit –
Bayerns größter Ökobauer, dank der stattlichen
städtischen Güter. Und unsere Stadtwerke
fördern über hundert bäuerliche Betriebe, die in
unseren Wassergewinnungsgebieten für reines
Wasser auch in ferner Zukunft sorgen.*

*Landwirtschaftliche Produkte sollten in der
Tat nicht nur nach dem Preis beurteilt werden,
sondern auch unter ökologischen Gesichtspunkten.
Ich finde Steaks aus Argentinien, die um die
halbe Weltkugel transportiert werden müssen,*

genauso pervers wie Granitblöcke aus China. Der Markt regelt zwar unglaublich viel, aber eben nicht alles zum Besten der Menschen.

Diese Einsicht sollte aber nicht nur bei landwirtschaftlicher Klientel, die Euch als Stammwählerschaft ans Herz gewachsen ist, zum Zuge kommen, sondern auch in anderen Branchen:

Wenn Preisdumping schädlich sein kann, dann doch nicht nur bei Aldi und Lidl zum Nachteil der Milchbauern, sondern auch bei neuen Dienstleistungsfirmen, deren einzige Geschäftsidee darin besteht, Briefzusteller schäbig zu bezahlen. Wenn Milchbauern losgelöst vom Marktgeschehen Anspruch auf Existenzsicherung haben, dann doch auch Beschäftigte anderer Wirtschaftszweige, die immer noch vergeblich darauf warten, dass die Union beim Thema Mindestlohn einlenkt (was sie ja schon vielfältig getan hat, sodass hier kein unheiliger Krieg ums Prinzip mehr geführt werden muss).

Richtige Ansätze, die einem „bei der eigenen Kundschaft" schnell einfallen, konsequent zu Ende denken, könnte die etwas erstarrte Bundespolitik tatsächlich in interessante Bewegung versetzen!

Und im Übrigen bin ich natürlich äußerst gespannt, wie das Bundesverfassungsgericht Ende des Monats über Deine Klage in Sachen Europa entscheiden wird. Da bin ich aber immer noch hin- und hergerissen: Einen Rückschlag des mühsam zustande gebrachten Einigungsprozesses mag ich mir ebenso wenig wünschen wie eine Absegnung aller höchst problematischen Bestandteile des Europäischen Vertrages.

Mit besten Wünschen

Dein Christian

Dem Schwarzen Sheriff zum Sechzigsten

Lieber ...,

ja, wie sagt man da bloß? Erzfeind? Gegner? Widersacher? Das klingt denn doch etwas zu negativ. Weggefährte? Alter Kumpel? Brieffreund? Das wäre wiederum zweifellos zu positiv. Gegenspieler? Nun, so spielerisch war es auch wieder nicht, schließlich haben wir uns zeitweise schon arg zugesetzt, nicht immer so abgeklärt und altersmilde wie jetzt bei unserem Briefwechsel im „Münchner Merkur". So muss ich tatsächlich auf einen Begriff zurückgreifen, den Du geprägt hast: Lieber Gegenkamerad!

Unsere Wege kreuzen sich ja schon seit der Schulzeit, als Du die angeblich überparteiliche und strikt unabhängige „Münchner Schülerunion" gegründet hast, auf Weisung der CSU, wie wir später erfahren haben. Als Student gehörtest Du zu den ersten, die Proteste organisierten, als die Sowjets den Prager Frühling zertrampelten; das gefiel mir schon besser. Die Studentenunruhen habe ich als wohlwollender journalistischer Begleiter erlebt, Du hingegen als Opfer linker Eiferer; das

*hat dann bei Dir wohl das Pendel etwas in die
Gegenrichtung ausschlagen lassen.*

*Seit 1972 bist Du Mandatsträger, zunächst als
junger, aber einflussreicher Stadtrat. Damals
waren wir sechs Jahre lang Pressesprecher unserer
jeweiligen Partei und haben da immer wieder
die Klingen gekreuzt. Heute können wir wohl
beide nicht mehr ganz verstehen, wie sehr wir uns
damals die Parteibrille haben aufsetzen lassen.*

*Lange Jahre hast Du Oberwasser gehabt, wurdest
1982 Kreisverwaltungsreferent, während meine
Parteifreunde im Rathaus das karge Brot der
Opposition essen mussten. Unbestreitbar hast
Du damals Furore gemacht, beispielsweise mit
dem Hinauswurf des Wirte-Napoleons Richard
Süßmeier auf der Wiesn, aber unter Liberalität
habe ich in all Deinen Jahren als Ordnungshüter
etwas anderes verstanden. 1986 dann der Sprung
ins Kabinett. Mit Deinem Maßnahmenkatalog
gegen Aids bliebst Du Deinem Ruf als
„Schwarzer Sheriff" treu.*

*1993 kam es dann zu unserer unmittelbaren
Konfrontation als Oberbürgermeisterkandidaten.
Du hast mir mit Deiner nicht nur harten,
sondern auch teuren Kampagne, an der die
Münchner CSU noch lange abzuzahlen hatte,*

*ganz schön zugesetzt, hast mich bedenklich
nahe an die entscheidende 50-Prozent-Marke
heruntergedrückt, aber zu meinem Glück nicht
darunter.*

*Die Niederlage hat Dich aber nicht resignieren
lassen. Beim Thema Ringausbau ist es Dir sogar
gelungen, aus der Opposition heraus mit Hilfe
eines Bürgerentscheids eine Weichenstellung
durchzusetzen, uns Rot-Grüne zum Tunnelbau
zu zwingen. Anschließend hast Du es dann
aber generös der rot-grünen Stadtratsmehrheit
überlassen, den teuren Tunnelbau mit
unpopulären Entscheidungen zu finanzieren.*

*Wirklich grimmig waren unsere Streitigkeiten
eigentlich nur, als Du den Widerstand gegen die
Ausstellung über die Verbrechen der Wehrmacht
angeführt hast, aber das ist wahrlich kein Thema
für Glückwunschschreiben.*

*Beglückwünschen kann man Dich aber zu
Deiner neuen Rolle als parlamentarischer
Querdenker und tatsächlich unabhängiger Kopf
im politischen Betrieb. Aus meinem Respekt für
Deine ablehnende Haltung zum Irak-Krieg habe
ich nie einen Hehl gemacht. Auch beim Thema
Transrapid warst Du souverän genug, den*

„teuersten Vorortzug der Welt" mit Hohn und
Spott statt mit Weihrauch zu bedenken.

Und mit Deiner Klage gegen die deutsche Zu-
stimmung zum Lissabonner Vertrag hast Du fast
politische Erdbeben ausgelöst. Immerhin wurde
die Klage in Berlin ja so ernst genommen, dass
der Bundespräsident den Füller zur Seite legte.
Leider weiß ich noch immer nicht, ob ich Dir
Erfolg oder Misserfolg wünschen soll, denn Sand
im Getriebe des europäischen Einigungsprozesses
erscheint mir ebenso problematisch wie eine
kritiklose Absegnung vieler problematischer Ver-
tragsbestimmungen. Vielleicht wird Dir Karls-
ruhe teilweise recht geben, also einige Auflagen
machen, ohne den Prozess insgesamt zu stoppen...

Auf jeden Fall wird ein Verfassungsgerichtsurteil
wenige Tage nach Deinem 60. Geburtstag zeigen,
dass Du auch in Deinem siebten Lebensjahrzehnt
noch mitmischen kannst, dass man je nach
Standort mit Dir rechnen darf oder rechnen
muss. Genieße Deine Wirkung, die Du ohne alle
Unterwerfungsrituale in Partei, Fraktion und
Parlament erzielen kannst, bleibe fit und offen,
auch für neue Einsichten.

Mit herzlichen Grüßen

Dein Christian Ude

25. Juni 2009

Viva Bavaria

Lieber Christian,

*zunächst zum Persönlichen: Deine
aufmunternden Worte zu meinem 60. haben
mir gut getan. Ich bin immer noch viel jünger,
als ich ausschaue! Außerdem beginnt mit 60
erst das Alter der Jugend. Und nicht die Jugend
des Alters. Uschi Obermaier ist sogar schon 63.
Und die wunderbare Meryl Streep („Jenseits von
Afrika"/„Der Teufel trägt Prada") wurde sogar
am gleichen Tag 60 Jahre alt wie ich (22. Juni).
Und ist immer noch schöner als die 16-jährige
Miley Cyrus („Hannah Montana"). Ist das nichts
für unser Alter?*

*Zum Politischen: Die Unterschiede sind für
mich ebenso bemerkenswert wie die Nähe oder
sogar Übereinstimmung. Diese unsere jedenfalls
bisher (fast) lebenslange Debatte wäre ohne das
Nachkriegs-München, in dem wir aufgewachsen
sind und dem wir so viel verdanken, nicht möglich
gewesen. Ich bin froh, dass Du mir für die
nächsten Jahre nichts von der Art hast ausrichten
lassen wie es Günter Grass bei Oskar Lafontaine
nach dessen Kritik an der SPD getan hat („Halt's
Maul und trink Deinen Rotwein"). Sondern dass
Du die Situation unserer Gegenkameradschaft*

charakterisiert hast, seit wir Schüler waren und
unsere Väter noch lebten. Und es ist völlig richtig,
dass Du in Deinem Glückwunsch-Schreiben auch
die Debatte um die „Wehrmachtsausstellung"
angesprochen hast. Wir wussten ja schon ganz
früh – bei der Einnahme unserer Generation
durch die 68er –, dass nicht jeder in derselben
Zeit lebt und in derselben Situation. Es ging
mir bei diesem Streit nicht um eine postume
Komplizenschaft, sondern dass hier mit üblen
Fälschungen und Lügen gearbeitet wurde
und dass der eigentliche Ausstellungsmacher
Hannes Heer meinte, dies im Interesse seines
„Antifaschismus" rechtfertigen zu können (er
faselte etwas von einer „Brecht'schen List").
Es war ein polnischer Intellektueller, der uns
beisprang, und der Finanzier der Veranstaltung
Jan Reemtsma warf den „Ausstellungsmacher"
hinaus und zog die alte Wehrmachtsausstellung
völlig aus dem Verkehr. Das war ein Sieg, der
mir sehr wichtig war, aber ich konnte diesen Sieg
nicht feiern. Denn der eigentümliche Schmerz
eines jeden deutschen Staatsbürgers über die
beispiellosen Vorwürfe, die unser Land trafen
und die nicht gefälscht, sondern begründet waren,
begleitet einen ja weiter. Und man bleibt doch in
einer unerreichbaren Ecke seines Herzens traurig
darüber, bis man stirbt. Aber bis heute glaube

ich, dass die Geschichte nicht dadurch bewältigt werden kann, dass immer „wir" gesagt wird und man dabei anderen an die Brust klopft. Vor allem jenen, die nichts mehr darauf antworten können. Das geht weiter als die „nationale Frage" und ist, nach allem was im 20. Jahrhundert geschehen ist, auch eine Frage an die Linke.

Schließlich ist der Schutzpatron der Deutschen doch der Heilige Michael und er ist der Überwinder des Teufels. In der Karikatur wurde „deutscher Michel" dagegen zum Spottnamen für den gutmütigen, aber einfältigen und verschlafenen Deutschen, der sich seiner Machthaber nicht zu erwehren weiß und wachgerüttelt werden sollte. Hattest Du nicht in allem, was Du seit Deiner Abiturrede politisch unternommen hast, genau dieses im Sinn? Und ich habe es auch versucht (bei all dem Mist, den wir natürlich auch gesagt und geschrieben haben).

Lass mich noch einen Satz zu Deinen Anmerkungen über Europa und zum Erfolg oder Misserfolg für den EU-Prozess in Karlsruhe sagen. Ich widme unserer politischen Arbeit einen Kalenderspruch des französischen Philosophen François Furet: „Wir sind in einem einmaligen Horizont der Geschichte eingeschlossen, werden im Strom einer immer größeren Uniformierung der Welt und einer größeren Versklavung des Individuums durch die Wirtschaft mitgeschleift und sind dazu verdammt, lediglich die Wirkungen etwas bremsen zu können, ohne Zugriff auf die Ursachen zu haben."

Aber ich habe eigentlich keine Lust, via Globalisierung nur mehr ein fremdbestimmter Ameisen-Mensch sein zu dürfen. Also: Ein Europa, das seine Grenzen nicht mehr kennt, nutzt nur den ganz Starken – weil diese sich am globalen Wühltisch am besten durchsetzen können. Während die Schwachen auch noch landfremd und heimatlos werden. Weit ist es bis zu diesem Zustand nicht mehr – eine Instanz nach der anderen wird über einem aufgeschichtet (ohne dass man irgendwie gefragt würde). Und Du als Oberbürgermeister und Städtetagspräsident, bei all Deiner Amtsgewalt, weißt das vermutlich besonders gut. Deshalb mein Plädoyer für mehr überschaubarere, kleinere Einheiten. Die kleinere Einheit ist die demokratische Antwort auf das Globale. Und deshalb für die nächsten Jahre: Viva Bavaria.

Herzlichst

Dein Peter Gauweiler

Europa muss demokratischer werden!

Lieber Peter,

in der Hoffnung, dass Du Deine Jubiläumsfeiern zum 60. Geburtstag unbeschädigt überstanden hast, gratuliere ich Dir heute zu Deinem Erfolg in Karlsruhe. Jawohl: Erfolg. Ich kann nämlich die Meinung einer Münchner Boulevard-Zeitung, die im selben Verlag wie der Münchner Merkur erscheint, beim besten Willen nicht teilen. Dort hieß es, Du hättest gemeinsam mit dem Linken-Fraktionschef Gregor Gysi „in Karlsruhe eine herbe Schlappe einstecken" müssen, das Bundesverfassungsgericht habe Eure Klage gegen den wichtigen EU-Vertrag von Lissabon „abgeschmettert".

Das sah der „Münchner Merkur" selber schon etwas realistischer: „Karlsruhe stärkt Bundestag – Richter billigen Lissabonner Abkommen nur mit Auflagen". So ist es. Und diese Auflagen, die den Bundestag und überhaupt den Parlamentarismus stärken, sind Euer Erfolg.

Und die richterlichen Ausführungen über Defizite des Europäischen Parlaments vor allem

*beim Wahlrecht zeigen, dass Europa endlich
demokratischer werden muss.*

*Ich will ja nicht rechthaberisch erscheinen,
aber zitieren darf ich mich schon. In meiner
Glückwunschkolumne habe ich am 22. Juni
geschrieben: „Leider weiß ich noch immer nicht,
ob ich Dir Erfolg oder Misserfolg wünschen
soll, denn Sand im Getriebe des europäischen
Einigungsprozesses erscheint mir ebenso
problematisch wie eine kritiklose Absegnung
vieler problematischer Vertragsbestimmungen.
Vielleicht wird Dir Karlsruhe teilweise Recht
geben, also einige Auflagen machen, ohne den
Prozess insgesamt zu stoppen ...“ Genauso ist es
gekommen, und das ist auch gut so.*

*Gleichwohl brachte unser Briefwechsel zuletzt
auch Gegensätze zutage, zum Beispiel bei der
„Wehrmachtsausstellung“.*

*Da bestreite ich gar nicht, dass der
Ausstellungsmacher dumme Fehler gemacht
hat und sie noch dümmer zu rechtfertigen
suchte. Aber unterm Strich bleibt, dass die
zentrale Aussage der Ausstellung stimmte
und heute auch fast wortgleich in den NS-
Dokumentationszentren des Freistaates auf
großen Tafeln zu lesen ist: Die Deutsche*

Wehrmacht hat sich für einen verbrecherischen Angriffskrieg einspannen lassen und selber unfassbare Kriegsverbrechen begangen. Nicht irgendwer, sondern die oberste Befehlszentrale.

Das zwingt zur Auseinandersetzung mit historischem Versagen, bedeutet aber keineswegs, dass jeder Wehrpflichtige Schuld auf sich geladen habe. Es gibt, wie wir alle wissen, keine Kollektivschuld, aber auch keine Kollektivunschuld in einer für Verbrechen missbrauchten Organisation. Mir wäre in Deiner Haut nicht wohl bei der Erinnerung, wer alles durch die politischen Proteste ermutigt wurde, mit Springerstiefeln gegen die Münchner Ausstellung zu demonstrieren. Wir müssen ja nicht bei jedem Thema zum Konsens gelangen.

Volle Übereinstimmung haben wir hingegen vermutlich beim öffentlichen Gelöbnis der Bundeswehrsoldaten, das Ende Juli auf dem Marienplatz stattfinden soll. Die Bundeswehr war so umsichtig, die Stadt zu fragen, wo ein Gelöbnis nicht nur zulässig, sondern auch erwünscht sei. Vom Odeons- und Königsplatz habe ich abgeraten, weil die Bilder in fataler Weise an Rituale des NS-Regimes erinnert hätten, die doch in Wahrheit das absolute Gegenteil bezweckten. Einen krasseren

Gegensatz kann es kaum geben als zwischen dem Treueschwur, einem Massenmörder bedingungslosen Gehorsam zu leisten, und der Vereidigung einer Parlamentsarmee auf das Recht und die Freiheit des eigenen Volkes.

Obwohl das ganze Jahr über die unterschiedlichsten Gruppen unserer Stadtgesellschaft den Marienplatz in Beschlag nehmen dürfen, von den politischen Parteien jeglicher Couleur bis zu Weltverbesserern aller Art, vom Faschingstreiben, von der Mai-Kundgebung und der Fronleichnamsprozession bis zur Meisterfeier und zum Christopher Street Day, möchten einige „Friedensfreunde" dieses Recht ausgerechnet der eigenen Republik und ihrer Armee versagen.

Besonders ärgerlich empfinde ich dies bei einem Teil der in dieser Frage gespaltenen Grünen, denn man kann doch nicht im Deutschen Bundestag den Auslandseinsätzen der Bundeswehr zustimmen, also mit der eigenen Stimme Soldaten in lebensgefährliche Situationen schicken – und anschließend sagen, man wolle Menschen, die so schreckliche Anweisungen befolgen, nicht in der Innenstadt begegnen ...

*Du hast Auslandseinsätze der Bundeswehr
problematisiert wie leider nur wenige
Parlamentarier. Kritik an Auslandseinsätzen ist
legitim, vor allem bei fehlendem UN-Mandat
auch dringend notwendig, um sorgfältige
Abwägungen zu erzwingen – vielleicht sogar
berechtigt, wenn man die Opfer und Risiken
den vergänglichen Erfolgen gegenüberstellt.
Aber Kritik an Beschlüssen, die in Wahrheit
nur das Parlament fassen konnte und auch
tatsächlich gefasst hat, ist etwas ganz anderes als
eine feindselige Ausgrenzung junger Männer,
denen nichts anderes „zur Last liegt", als der
gesetzlichen Wehrpflicht nachgekommen zu sein.*

*Mit der „kleineren Einheit als demokratische
Antwort auf das Globale" hast Du ein
wunderbares Thema angesprochen, über das wir
uns diesen Sommer austauschen können.*

Herzlichst

Dein Christian

Ich bin sehr glücklich

Lieber Christian,

unser Briefwechsel ist eine gute Gelegenheit, einige Feststellungen zum Lissabon-Entscheid des Bundesverfassungsgerichts zu treffen. Ich bin sehr froh über Dein Interesse.

Erstens: Jetzt steht fest: Das Grundgesetz erlaubt eine Übertragung von Hoheitsrechten an die EU nur, wenn sichergestellt ist, dass die Mitgliedsstaaten souveräne Staaten bleiben und die EU ein Staatenverbund ist und nicht zu einem Bundesstaat wird. Eine darüber hinausgehende „Integration" wäre nur auf der Basis einer verfassungsgebenden Volksentscheidung zulässig.

Zweitens: Es war ein schwerer Demokratiemangel des Lissabon-Vertrages und seiner Ausgestaltung durch die deutsche Begleitgesetzgebung, dass in einem sogenannten „vereinfachten Vertragsänderungsverfahren" sowie bei Anwendung der „Passerelle-Klauseln" („Brückenklauseln") eine Vielzahl von Bestimmungen der EU-Verträge ohne Befassung der Parlamente der Mitgliedsstaaten hätte geändert werden können. Der Bundestag hatte

*sich für Entscheidungen von großer Tragweite
seiner ureigensten Kompetenzen begeben und
die Entscheidung der Regierung überlassen.
Diese Selbstaufgabe des Parlaments wurde
durch das Urteil des Bundesverfassungsgerichts
rückgängig gemacht. Das – verfassungswidrige –
Begleitgesetz muss wesentlich geändert und unter
vielen Aspekten ergänzt werden, um den Vertrag
von Lissabon „in verfassungsgemäßer Weise"
überhaupt anwenden zu können.*

*Drittens: Eine sogenannte „Flexibilitätsklausel"
des Lissabon-Vertrages (Art. 352 AEUV)
birgt – so das Bundesverfassungsgericht – die
Gefahr in sich, dass die EU die Kompetenz
für die Gesetzgebungszuständigkeit an sich
zieht und damit die Souveränität. Das
Bundesverfassungsgericht bestätigt ausdrücklich,
dass diese Bedenken zu Recht bestehen. Es
verlangt deshalb, dass die Inanspruchnahme
dieser Klausel – sogar entgegen der Regelung des
Lissabon-Vertrages, nach der die Zustimmung
der nationalen Parlamente nicht nötig ist – in
Deutschland der Ratifikation durch Bundestag
und Bundesrat bedarf. Das Parlament muss
hier also in derselben Weise mitwirken wie
bei einer Vertragsänderung. Auf diese Weise
wird die Souveränität Deutschlands in einem*

ganz zentralen Punkt gesichert und zugleich das Parlament im Verhältnis zur Regierung wesentlich gestärkt.

Viertens: Das Gericht hat an vielen Stellen einschränkende Interpretationen vorgenommen und Auslegungsmöglichkeiten, die der Wortlaut des Vertrages zulässt und die nach Meinung von Karlsruhe mit dem Grundgesetz unvereinbar wären, ausgeschlossen. Nur die mit dem Grundgesetz vereinbarte Auslegungsmöglichkeit ist nach dem Urteil des Bundesverfassungsgerichts für Deutschland verbindlich. Auf diese Weise wurde den Rügen, die ich in meiner Verfassungsbeschwerde erhoben hatte, weitgehend Rechnung getragen.

Fünftens: Der ständigen Zuständigkeitsverlagerung nach Brüssel schiebt das Bundesverfassungsgericht jetzt einen Riegel vor. Es verteidigt gegen eine mögliche Auslegung des Vertrages seine Kompetenz, ultra vires gehenden (also die Grenzen der durch die Verträge erteilten Ermächtigung überschreitenden) EU-Rechtsakten in Deutschland die Gefolgschaft zu verweigern. Auf diese Weise rettet das Bundesverfassungsgericht nicht nur die souveräne Staatlichkeit Deutschlands gegenüber Kompetenzanmaßungen durch die EU, sondern sichert auch seine eigene Kontrollzuständigkeit ab, die es sich nicht vom Europäischen Gerichtshof nehmen lassen will und die es im Vergleich zur bisherigen Rechtsprechung noch wesentlich stärkt.

Sechstens: Das Bundesverfassungsgericht stellt ausdrücklich fest, dass die demokratische Legitimation der EU-Organe unzulänglich ist und demokratischen Anforderungen nicht genügt. Nur durch zusätzliche Absicherungen in einem neuen Begleitgesetz kann somit der ansonsten demokratiewidrige Vertrag gerade noch verfassungsgemäß gemacht werden. Die notwendigen Regelungen, die der Bundestag im neuen Begleitgesetz treffen muss, dienen also nicht nur der Sicherung der Kompetenzen des Bundestages, sondern sind Voraussetzungen dafür, dass die EU „noch" den Anforderungen des Demokratieprinzips entspricht.

Siebtens: Das Urteil macht bedeutende Vorgaben für die verfassungsprozentualen Rechte der Bürger, denen das Gericht nun die Befugnis einräumt, der Überschreitung der durch das Grundgesetz gezogenen „Integrationsgrenze" durch EU-Organe mit einer Verfassungsbeschwerde in Karlsruhe zu begegnen. Das Gericht macht auch deutlich, dass

die gleichheitswidrige Wahl zum „Europäischen
Parlament" nicht mehr hingenommen werden
könnte, wenn die EU-Kommission als europäische
„Regierung" weitere Gestaltungsbefugnisse
erhält. Weil dann diese „Kontinental-Regierung"
niemand mehr richtig kontrolliert. Das ist doch
alles gar nicht so schlecht. I am very happy!

Dein Peter Gauweiler

Von Karlsruher Trophäen und Ameisen-Menschen

Lieber Peter,

in Deinem letzten Brief hast Du die Leitsprüche des Bundesverfassungsgerichts voller Stolz an die Wand gehängt, wie es ein Jäger mit seinen Trophäen tut. Waidmannsheil! Aber das ist gar nicht einmal ironisch gemeint, denn ich gönne Dir und – was sogar noch wichtiger ist – uns allen die Korrekturen und Klarstellungen, die Karlsruhe vorgenommen hat.

Es ist einfach unbestreitbar ein Vorteil, dass die Mitgliedsländer souveräne Staaten bleiben müssen, dass EU-Verträge nicht ohne Befassung der Parlamente geändert werden dürfen, dass die EU nicht einfach Kompetenzen an sich ziehen darf und dass uns die Kontrolle durch das deutsche Verfassungsgericht bei allen Rechtsakten der EU erhalten bleibt. Recht so. Dafür gekämpft zu haben, hat nichts mit Europafeindlichkeit oder gar finsterem Nationalismus zu tun, sondern offenbart Verfassungspatriotismus vom Feinsten.

Aufschlussreich, ja alarmierend, fand ich, was die Richter zu Demokratie-Defiziten angemerkt haben. Seltsamerweise ist die deutsche

Öffentlichkeit nach kurzem Achselzucken einfach über die Rüge hinweggegangen, dass bei den Wahlen zum Europaparlament mancherorts über zehnmal so viele Stimmen für ein Mandat benötigt werden als in anderen Landstrichen. Solche Wahlen mögen ja „geheim" und „direkt" sein, aber ganz bestimmt nicht „gleich" und somit auch nicht demokratisch. Und daran stört sich niemand nachhaltig, während die EU munter kritische Wahlbeobachter in andere Kontinente schickt, ob dort auch alles mit rechten Dingen zugeht ...

Man braucht bei der Nutzanwendung dieses Richterspruchs ja nicht gleich zu übertreiben und die lähmenden Wirkungen des Bundesrats auch noch auf die europäische Ebene auszuweiten. Beim Streit in der Union über die Konsequenzen aus dem Karlsruher Urteil wird allzu deutlich, wer sich schon in künftiger Regierungsverantwortung sieht (und deshalb praktikable Lösungen anstrebt) und wer vor allem gegen die erdrutschartigen Verluste der letzten Landtagswahl ankämpft (und deshalb jetzt den Volkshelden mimen muss).

Jetzt bin ich der festen Überzeugung, den Kläger Gauweiler genug gelobt zu haben. Deshalb ein kritisches Wort an den Publizisten: So einen

schwer verdaulichen Text wie letzte Woche habe
ich von Dir schon lange nicht mehr gelesen.
„Vereinfachtes Vertragsänderungsverfahren,
Anwendung der Passerelle-Klauseln,
Kompetenz für Gesetzgebungszuständigkeit,
Interpretationshoheit, Integrationsgrenze" –
wie kannst Du nur unseren Briefwechsel mit
solchen Wortungetümen belasten? Oder wolltest
Du beweisen, dass nicht nur die Eurokraten,
sondern auch ihre Kritiker über die Köpfe der
Durchschnittsleser hinwegschreiben?

Doch ich will gerecht sein: Ich habe mich als
Kolumnist niemals so stilistisch verirrt wie nach
meinem zweiten Staatsexamen; die Freude
an sperrigen Ausdrücken der Jurisprudenz
ist wohl ein unvermeidbarer Milieuschaden,
wenn man sich allzu sehr auf Klausuren oder
Gerichtsverfahren einlässt.

In Deinem vorletzten Brief hast Du den Kampf
für untere Ebenen philosophisch überhöht. Der
französische Philosoph Françoise Furet durfte
die Beobachtung beisteuern, dass wir „im Strom
einer immer größeren Uniformierung der Welt
und einer größeren Versklavung des Individuums
durch die Wirtschaft mitgeschleift" werden.
Du hast das Bekenntnis hinzugefügt, keine
Lust zu haben, „via Globalisierung nur mehr

ein fremdbestimmter Ameisen-Mensch sein zu dürfen". Konsequenz? „Viva Bavaria!"

Gut gebrüllt, bayerischer Löwe. Aber wie sieht es denn in der Praxis aus? Muss nicht der bayerische Steuerzahler samt Steuerzahlerin zehn Milliarden Euro zur Verfügung stellen, um für die missglückten Finanzabenteuer auf den globalen Märkten aufzukommen, die Bayerns durch und durch schwarze Landesbank eingegangen ist? Und ist nicht ein weiterer Vorgang der letzten Tage genauso alarmierend? Der Freistaat Bayern hat die einstmals stolzen Bayernwerke einem Großkonzern einverleibt, der damit seine Machtstellung gewaltig ausbauen konnte. Jetzt hat die Europäische Kommission über eben diesen Konzern die höchste Strafe der deutschen Wirtschaftsgeschichte verhängt, stattliche 553 Millionen Euro, weil zur Überzeugung der Kommission feststeht, dass der Konzern seine Marktmacht auch noch zu Zeiten der Wettbewerbswirtschaft missbraucht hat, um die Verbraucher „auszubeuten". Die Strafe orientierte sich am unzulässigen Gewinn, der somit wirklich bedeutsam gewesen sein muss.

Leider konnte ich in diesem Zusammenhang keinen kritischen Ton aus konservativen Reihen vernehmen. Weder die „immer größere

Uniformierung der Welt" durch immer weniger marktbeherrschende Konzerne wurde gerügt, noch die „Versklavung durch die Wirtschaft". Stattdessen prügelt man auf kommunale Stadtwerke ein, die den Energie-Lieferanten ausgeliefert sind und deren Preise weiterreichen müssen.

Die glücklose Spekulation auf US-Märkten, der Verkauf bayerischer Traditionsunternehmen an Energieriesen und die Mitwirkung an behördlich ermittelter „Ausbeutung" passt irgendwie nicht zum Plädoyer „für überschaubarere, kleinere Einheiten", die nach Deinen Worten „die demokratische Antwort auf das Globale" darstellen sollen.

Dein Christian

Schwer verdaulich

Lieber Christian,

*meine Besprechung des Lissabon-Urteils
war also „schwer verdaulich", schreibst Du.
(„Wortungetüme", „Wie kannst Du nur?").
Der Chefredakteur dieser Zeitung hat mir
das Gleiche gesagt. So, so, meine Herren!
„Das ist aber schwer verdaulich", sprach der
Wolf, als ihm die Geißenmutter den Leib mit
schweren Wackersteinen gefüllt hatte. „Ich
habe doch nur sechs Geißlein gefressen." Die
schwer verdaulichen Wackersteine sind die
Urteilsgründe des Bundesverfassungsgerichts
und die Geißenmutter die Richter in roten
Roben, weil sie schon verschluckte Demokratien
Europas wieder ans Tageslicht zurückgeholt
haben.*

*Ich finde es sehr gut, dass im Bayerischen
Landtag auch SPD und Grüne das Angebot
von Horst Seehofer aufnehmen und ein neues
EU-Begleitgesetz im Maximilianeum beraten
wollen, bevor Bayern im Bundesrat abstimmt.
Schließlich wurde im Jahr 1998 der neue
Artikel 3a durch Volksabstimmung in die
Bayerische Verfassung genommen, welcher
ausdrücklich festlegt, dass das Europa, zu*

dem sich Bayern bekennt, demokratischen,
rechtsstaatlichen, sozialen und föderativen
Grundsätzen verpflichtet sein muss. Und dem
Grundsatz der Subsidiarität.

Auch in Berlin ist im Moment viel Gerede und
Getue um dieses neue EU-Begleitgesetz, das die
Rechte und Pflichten der deutschen Demokratie
im Zusammenhang mit Europa festschreiben
soll. Merkwürdigerweise sind damit die
gleichen politischen und beamteten „Experten"
befasst, denen gerade von Karlsruhe bescheinigt
wurde, einen glatten Verfassungsbruch
begangen zu haben. Warum das alles jetzt
in der Sommerpause durchgepeitscht werden
muss, ist unbegreiflich: Zum Höhepunkt des
Wahlkampfes, wo jeder auf der Suche nach dem
wunden Punkt des anderen ist. Die Aufgabe
des Deutschen Bundestages ist es doch nicht, die
nächste Volksabstimmung in Irland zeitnah
zu beeinflussen. Volkspädagogisch (Irland-
pädagogisch) wäre eine ganz andere Botschaft
viel beispielhafter: Hallo, liebe Iren! Auch
wir in Deutschland hatten ein hartes Pro und
Contra zum Lissabon-Vertrag und zur Zukunft
des EU-Apparates. Jetzt gibt es ein von vielen
Seiten gelobtes Urteil unseres höchsten Gerichts,
dem – möglicherweise – die Quadratur des

Kreises gelungen ist. Befürworter und Skeptiker sind jetzt nach bestem Wissen und Gewissen bemüht, dieses Urteil parteiübergreifend umzusetzen.

Das wäre besser als der Eindruck, weiterzumachen wie bisher und die Einwände gingen einen nichts an. Der luxemburgische Premier Juncker hatte diesen Wahn so ausgedrückt: „Wir beschließen etwas, stellen das dann in den Raum und warten einige Zeit ab, was passiert. ... Wenn es dann kein großes Geschrei gibt und keine Aufstände, weil die meisten gar nicht begreifen, was da beschlossen wurde, dann machen wir weiter – Schritt für Schritt, bis es kein Zurück mehr gibt. "

Deine übrigen Anmerkungen zum Thema Globalisierung und Ameisen-Menschen sind richtig. Auch, dass es Quatsch war, die Bayernwerke in einem National-Konzern aufzulösen. Aber lass uns nicht weiter in unseren Briefen wechselseitig nur offene Türen einrennen. Reden wir darüber, dass es unsere beiden Volksparteien mit großem Definitionsgeschick erreicht haben, dass die „Finanzkrise" scheinbar naturwüchsig über das deutsche öffentliche und private Bankgewerbe gekommen ist und nichts mit

*falscher Richtungsbestimmung, rücksichtslosen
Spekulationsgeschäften und verhängnisvollem
Aufsichtsversagen zu tun hat. Wo ist, fragt
der Münchner Strafrechts-Ordinarius Bernd
Schünemann, der „exaltierte Aktivismus",
mit dem man sich sonst in Sachen
Korruptionsbekämpfung so gern in Szene setzte
(wenn es gegen Leute ging, die schon am Boden
lagen)? Auf der anderen Seite wird unsereinem
auch mulmig, wenn die EU-Kommissarin
Neelie Kroes ein Strafgeld in Höhe von 1
Milliarde Euro (!) verfügen kann, im TV,
mit einer Willkürattitüde wie einst der Doge
von Venedig: So will ich's, so befehl ich's, als
Begründung gelte mein Wille. Als juristischer
Mensch denkt man dabei fast zwanghaft an
das Willkürverbot unserer Verfassung; was,
'tschuldigung, als Begriff sicher schon wieder
schwer verdaulich ist.*

*Ansonsten: Was macht der Wahlkampf, alter
Schwede? Irgendwie schlafen mir bei den
Fernsehnachrichten über unsere Spitzenleute
immer die Füße ein, obwohl sie doch alle so nett
sind. Andererseits: Immer noch besser als das
Gekeife der Fischköpfe im Norden (Schleswig-
Holstein), die sich nur noch anstinken.
Furchtbar. Heute früh ist sogar Heide Simonis*

in den Zeitungen wieder auferstanden, von der ich zum letzten Mal beim Tanzkurs von Hape Kerkeling gehört hatte („Hoppel-Heide").

Bevor ich mich erschieße – lass uns eine Flasche Bommerlunder trinken.

Herzlichst Dein

Peter Gauweiler

Warum schlafen uns die Füße ein?

Lieber Peter,

so, so. Eine Flasche Bommerlunder willst Du also mit mir trinken, und das, bevor Du Dich angesichts der Wahlkampf-Tristesse erschießt. Ich verlasse mich jetzt einfach einmal darauf, dass noch keine Eile geboten ist. Dein Ansinnen bringt mich nämlich in Verlegenheit. Ich mag gar keinen Aquavit und solche Sachen. Lieber ein Augustiner oder einen guten griechischen Wein (so was gibt es wirklich, trotz der unverzeihlichen musikalischen Verhunzung dieses Trinkgenusses). Aber was verführt Dich als bekennenden Südstaatler der Bundesrepublik, Dir in größter Not ausgerechnet „den großen Klaren aus dem Norden" zu wünschen?

In Ermangelung eigener Kenntnisse recherchiere ich im Internet. Der Aquavit Deiner Träume, so habe ich herausgegoogelt, zeichnet sich aus „durch bekömmliche Milde und feine Würze". Nun gut, von feiner Würze verstehst Du etwas. Aber was hast Du mit „bekömmlicher Milde" zu tun?

Man kann es drehen und wenden, wie man will, die Erörterungen Deines Getränkewunsches

*tragen einfach keine Kolumne. Deshalb muss ich
auf die Ursache Deiner depressiven Verstimmung
eingehen: Auf diesen Wahlkampf, bei dem
einem die Füße einschlafen. Leider habe ich hier
überhaupt keinen Trost parat, denn mir geht es
wie Dir: Mir schlafen die Füße ein.*

*Dies ist recht betrachtet ein überraschender
Sachverhalt, denn eigentlich würde man
erwarten wollen, dass sich die beiden etwa
gleich starken Teile der Bundesregierung ein
spannendes Fotofinish liefern und vor allem,
dass in allen Landesteilen und sozialen Schichten
Deutschlands nachgedacht und debattiert wird,
welche Konsequenzen aus der Wirtschaftskrise zu
ziehen sind, die ja nicht vom Himmel gefallen ist,
sondern von Menschen gemacht wurde und sich
schon aus diesem Grund jederzeit wiederholen
kann, wenn nicht überzeugende Vorkehrungen
zur Vermeidung solcher Abenteuer und Abstürze
getroffen werden.*

*Doch nichts dergleichen geschieht. Wir haben
noch nicht einmal erfahren, wie stark uns die
Banken unter dem Strich zur Ader lassen,
da haben wir den ganzen Schlamassel schon
erfolgreich verdrängt. Wo man auch hinkommt,
hört man nur die Forderung, noch ein paar
Milliarden lockerzumachen, wo doch die Banken,*

die es wirklich nicht verdient haben, schon so viel
in den Rachen geworfen bekamen. Eigentlich
gibt es keine Gruppe der Gesellschaft und keine
Sparte des öffentlichen Dienstes, die nicht
ebenso viel „verdient" hätte, wie die Banken
unverdientermaßen bekommen haben. Wer
will noch mal, wer hat noch nicht? Das scheint
augenblicklich die einzige Frage von Interesse zu
sein.

Das Erstaunliche ist nur: Sobald aus zornigen
Forderungen wohlfeile Versprechungen werden,
glaubt ihnen keiner. Keine Angst, ich spreche
nicht nur vom Unionsversprechen, alsbald die
Steuern drastisch zu senken. Ich meine genauso
das Versprechen der SPD, nach 11 Jahren (!)
der Verantwortung für das soziale Ressort
in Torschlusspanik Wohltaten an Hartz-IV-
Empfänger zu verteilen, die geschröpft zu haben
gestern noch das große wirtschaftspolitische
Verdienst der Regierung Schröder gewesen
sein soll. Oder den Versuch der Union, der
umstrittenen Abwrackprämie ganz schnell
eine 5000-Euro-Prämie für Elektroautos
hinterherzuwerfen, was zwar sehr lieb zum
technologischen Fortschritt ist, aber sehr schlecht
zur tagtäglichen Kritik an unbezahlbaren
Subventionen passt.

Wo so viel Unlust an Sachthemen aufkommen muss, konzentriert sich das verbliebene politische Interesse auf Personen. Was sage ich – auf eine Person. Nun verstehe ich ja das überschwängliche Glücksgefühl der CSU, die es immer noch nicht fassen kann, nach dreieinhalb Jahren des Bundeswirtschaftsministers Michael Glos einen Nachfolger gefunden zu haben, der überhaupt etwas sagt und dabei auch noch unbestreitbar smart aussieht. Respekt! Chapeau!

Ein ganz kleines bisschen wundert es mich aber doch, dass man hierzulande die Bundeskanzlerin überflügeln kann, ohne eine einzige Tat vollbracht, eine einzige Krise gemeistert oder ein einziges Gesetz durchs Parlament gebracht zu haben. Das muss für die seit Jahren unentwegt werkelnde Regierungschefin doch ziemlich deprimierend sein!

Die Arbeitsteilung der beiden ist ja wirklich beachtlich, aber für die Kanzlerin offenbar nicht vorteilhaft. Sie darf Opel retten, besser gesagt: den Eindruck erwecken, sie hätte es schon getan, derweil er unter dem Jubel des Mittelstandes erklären darf, was für ein Quatsch so ein Rettungsversuch ist. Sie muss auf Seehofers Drängen auch Quelle retten, besser gesagt: den Eindruck erwecken, sie hätte es schon getan,

derweil er zumindest außerhalb Bayerns für
sein mutiges Wort gepriesen wird, eine solche
Verwendung von Steuergeldern zutiefst zu
verabscheuen.

Wie lange macht das die Kanzlerin mit? Ich will
es zu ihrem Trost einmal so formulieren: Der
Bundesminister für Wirtschaft hat als Nummer
eins auf der bundesdeutschen Popularitätsskala
wirklich schon eine atemberaubende Fallhöhe
erreicht!

Mit besten Wünschen für die Ferienzeit, die wir
beide ganz ohne Dienstwagen verbringen werden,
verbleibe ich bis zum Schlagabtausch – nein: zum
Briefwechsel im Herbst.

Dein Christian

Untergehen oder wieder bayerisch werden

Lieber Christian,

Peter Ramsauer, der übrigens ein hoch musikalischer Mensch und sehr guter Pianist ist, sagt, dass wir ab sofort gut über das Wahlergebnis reden sollen. Hm-mh. Himmelherrgottsakramentscheißglumpvarekts! Oder gehobener: Wir fühlen uns wie die Buddenbrooks in ihrer letzten Phase.

Und die bayerische SPD will sich jetzt wieder „ganz neu aufstellen", zum hundertsten Mal. Diesmal mit Florian Pronold. Klar, fallen ist keine Schande. Nur liegenbleiben. Aber man sollte nicht versuchen, mit einem Spielzeugbagger den Nockherberg abzutragen. Macht mal etwas wirklich Neues! Warum kandidiert nicht der Münchner Oberbürgermeister für den SPD-Bundesvorsitz? Dich haben die SPD-Leute doch immer noch irgendwie lieb, trotz Deiner ewigen Superioritäts-Demonstration (und Du könntest Dich nicht mit der ungelogenen Ausrede von wegen kein Berufspolitiker mehr, Kanzlei und so davondrücken). Du müsstest nur die Sache mit Afghanistan ändern, weil niemand die

SPD wählt, um Tornados an den Hindukusch zu schicken, für den Wahlfälscher Karzai – und ein in 50 Jahren aufgebautes Sozialsystem der EU-Harmonisierung mit Polen und Portugal zu opfern.

Was bei der CSU aktuell nicht geklappt hat, weiß jedes Kind (angeblich weiß es sogar der CSU-Vorstand, und das will nach den Leistungen dieses Gremiums in den letzten vier Jahren etwas heißen): Seehofer weiß es am besten, und was er wollte und will, ist ja richtig: die Rechts-Links-Idee der CSU ins 21. Jahrhundert zu transportieren.

Aber das ist schwer mit einer CSU, die in den letzten 20 Jahren fast jedes Jahr irgendeinen hochdramatischen Gehirnwaschtag hatte. Und jeder irgendeine Beleidigtheit mit sich herumschleppt. Natürlich muss die CSU ihre Verlegenheits-Aggression mit der bayerischen FDP beenden oder mit den Freien Wählern eine neue Regierung bilden (hinter dem Streit mit den FDP-Landesministern steckte eine Stellvertreterdebatte über den Sinn von staatlichen Wirtschafts-Interventionen, die man intern nicht führen wollte). Und: Die CSU muss wieder katholischer werden, staatsbayerisch kultureller und agrarischer (die eigentliche

Katastrophe ist das Ergebnis bei den Bauern und die beiden CSU-Landwirtschaftsminister in München und Berlin haben dazu nur Erklärungsversuche geboten, aber keine Wege aus der Krise). Dies ist kein Widerspruch zum urbanen Anspruch der Partei. Jeder Großstädter (nicht nur der Schwabinger) liebt das Ländliche und verfällt in Depression bei dem Gedanken, dass, wenn es mit der Politik so weitergeht, zwischen München und Rosenheim bald keine Kuh mehr zu sehen ist.

Angela Merkel jedenfalls wird die CSU auch weiter freundlich behandeln, so freundlich wie sie, sagen wir einmal, den Erzbischof Zollitsch behandelt, aber damit ist „denn auch mal gut so" (wie man das in der Uckermark sagt). Und trotzdem muss man dieser Madame Curie der deutschen Politik Glück wünschen, weil es ja um die Zukunft unseres Landes geht. Ich fand gut, dass Euer Struck im Fernsehen genau das gesagt hat. Das wichtigste Thema ist jetzt alles Ökonomische, und den Wähler, der dieser Wahl die entscheidende Wendung gegeben hat, nennt die Süddeutsche Zeitung den „Wirtschaftswähler". Das sind Leute aus allen Schichten, die „sich zutrauen, selbst die Ärmel hochzukrempeln, wenn der Staat sie nur *lässt". Und die „nicht automatisch mehr als die Hälfte ihres Bruttoeinkommens für Steuern und Abgaben an den großen Moloch Staat abgeben wollen". Und man kann irgendwie erstaunt und froh sein darüber, dass das immer noch so viele sind in Deutschland.*

Weil alles Politische auch personell ist, ist die wichtigste Person nach der Kanzlerin der Finanzminister. Und deshalb muss der Vorsitzende Westerwelle, über den wir früher nur gelacht haben, jetzt Finanzminister werden. Weil er sich als stärker erwiesen hat als alle verfügbaren Männer der Merkel-CDU. Das ist das wichtigste Amt. Und der Finanzminister Westerwelle muss die Steuern senken, dass allen die Spucke wegbleibt. Darüber haben die Wahlkampf-Lager doch am ernsthaftesten gestritten, und das war das zentrale Thema für das Entscheidungsverhalten der Wähler am letzten Sonntag.

Ich glaube, dass wir die Steuern massiv senken müssen, um den Laden wieder in Schwung zu bringen. Das ist besser als alle Abwrackprämien zusammen. Um das zu beweisen, hat die Regierung Merkel/Westerwelle genau acht Monate, bis zum Mai 2010, dann sind Wahlen in Nordrhein-Westfalen, und bis dahin reicht

die Mehrheit von Schwarz-Gelb im Bundesrat.
Wenn bis dahin die große Steuersenkung nicht
etabliert ist, wird Merkel/Westerwelle zu Kohl/
Kinkel und wird auch so enden wie Kohl/Kinkel.
Mit der Übernahme durch unseren alten Freund
Oskar Lafontaine.

Und Bayern? Damit die Leute in Berlin
sich nicht ganz so dicke machen, brauchen
wir Emanzipation. Emanzipation heißt,
sich aus einer bestehenden, die eigene
Entfaltung hemmenden Abhängigkeit lösen.
Wir brauchen das, weil wir nur so unseren
erreichten wirtschaftlichen und sozialen und
kulturellen Status verteidigen können. Wenn
die Globalisierung so weitergeht – und daran
besteht ja kein Zweifel – braucht es eines
Gegengewichts zu den alles verschlingenden
Riesen-Zentralen. In Sachen regionaler Identität
und staatsbürgerlichem Engagement. Ich sage es
Dir mit den Worten eines linken Schriftstellers,
des großen Friedrich Dürrenmatt: „Die Welt
wird entweder untergehen oder verschweizern."
Oder sich bajuwarisieren.

Dein Peter Gauweiler

Von einer schallenden Watschn und dem zentralen Versprechen

Lieber Peter,

wumm! die Watschn hat gesessen! Obwohl uns die Demoskopen schon im Frühjahr ein Desaster vorhergesagt hatten und auch die Schlappe bei den Europa-Wahlen in diese Richtung deutete, haben wir Sozis uns mittels Autosuggestion im Endspurt selber Optimismus eingeträufelt: Es werde schon nicht so schlimm kommen wie in all den furchtbaren Umfragen, weil Steinmeier an Statur gewinnt, Steinbrück überlegene Kompetenz beweist, Gabriel gegen jeden Atomkurs klare Kante zeigt, und überhaupt Arbeitnehmer doch nicht allen Ernstes Schwarz-Gelb wollen können ...

Und dann das! Eine einzige Zahl beschreibt treffend das Ausmaß der Katastrophe: Die Wählerschaft der SPD wurde seit 1998, als die Sozialdemokratie noch gleichzeitig mit Lafontaines Parolen für Stammwähler und Schröders Verheißungen für die „neue Mitte" antreten konnte, regelrecht halbiert! Man stelle sich vor: halbiert! Bei der Mitgliedschaft und

den Funktionsträgern schaut es ähnlich aus.
Und München wird im Bundestag nur noch
durch Schwarze, Gelbe, Grüne und eine Linke
vertreten, kein einziges SPD-Mitglied ist dabei.
Schauderhaft und erschreckend für jeden, der es
gut meint mit der Sozialdemokratie und ihrem
historischen, aber längst noch nicht erledigten
Auftrag.

Doch nun zu den Siegern: Ich gratuliere! Nicht
nur, weil sich das einfach gehört, sondern weil das
Wählervotum Respekt verdient, auch wenn es
einem persönlich nicht gefällt. Für das Land ist
es auf jeden Fall gut, dass der Richtungswechsel
durch eine klare Wählermehrheit herbeigeführt
wurde – und nicht durch ein fragwürdiges
Konstrukt von „Überhangmandaten", die zwar
der SPD früher auch ganz gelegen kamen, aber
mittlerweile vom Verfassungsgericht angezählt
wurden (sonst seid Ihr doch, was Karlsruher
Richtersprüche angeht, sehr sensibel und penibel,
z.B. bei Europa).

Ihr habt das Mandat bekommen – ich wünsche
eine glückliche Hand dabei.

Deine Reaktion auf den schwarz-gelben
Wahlsieg klang nicht nach Triumphgeschrei
(was ich sympathisch fand), sondern eher

nach Bitterkeit über den eigenen Aderlass,
der wegen des größeren SPD-Desasters vielen
Zeitgenossen entgangen ist. Deine Rezepte gegen
Stimmenverluste haben aber viel gemeinsam mit
den Rufen, die jetzt in der SPD ertönen: Zurück
zum Stammwähler aus der guten alten Zeit!
Bei Dir heißt das: katholischer, staatsbayerisch-
kultureller und agrarischer werden! Bei uns:
linker werden, so wie wir vor Schröder waren.

Tatsächlich sind Euch durch die
Sozialdemokratisierung der Union (vom
Krippenprogramm über die Einführung
von Mindestlöhnen in vielen Branchen und
die Verstaatlichung einer Bank bis zum
Integrationsgipfel) genauso Wähler verloren
gegangen wie uns durch die Agenda 2010.

Bis hierher kann ich der Klage vom beiderseits
verlorenen Stammwählern noch zustimmen.
Aber kommt durch ein kraftvolles „vorwärts, wir
müssen zurück!" auch die gute alte Zeit wieder?
Das bezweifle ich.

Gegen die von Dir gewünschte katholische,
staatsbayerische und agrarische Ausrichtung
der Union hätte ich als protestantischer
Großstadtmensch eigentlich gar nichts – würde
sie uns doch manches zuletzt heftig umkämpfte

Feld freiwillig überlassen. Aber die SPD möchte ich schon fragen, woher sie die Gewissheit nimmt, durch einen „Linksruck" mehr bereits abgewanderte Wähler zurückzugewinnen, als in der Mitte noch verloren werden können. Die SPD braucht mehr soziale Kompetenz, das ist wahr. Aber das meint weit mehr als die Erhöhung der Einkommenstransfers, die offensichtlich von immer mehr Berufstätigen als Problem und nicht als Wohltat gesehen werden.

Eine Volkspartei, so erkannte hier in Bayern der große Sozialdemokrat Georg von Vollmar schon im 19. Jahrhundert, muss viele Bevölkerungsgruppen ansprechen – nicht nur das Proletariat, auch Handwerker und Landwirte. Heute müsste man sagen: nicht nur Hilfeempfänger, sondern auch Berufstätige aller Branchen, Frauen mit ihrem Anspruch auf Gleichstellung, junge Menschen mit ihren Erwartungen an die Zukunft ...

Im demnächst wichtigsten Punkt der deutschen Politik stimmen wir voll überein: Die schwarz-gelbe Bundesregierung steht und fällt mit ihrem zentralen Wahlversprechen, die Steuern so zu senken, „dass uns allen die Spucke wegbleibt". Dies war, schreibst Du mit vollem Recht, „das zentrale Thema für das Entscheidungsverhalten der Wähler". Bis zur Wahl in NRW im nächsten Mai müssen die Würfel gefallen sein, denn „bis dahin reicht die Mehrheit von Schwarz-Gelb im Bundesrat". Stimmt. Soll noch einer sagen, die deutsche Politik sei nicht mehr spannend ...

PS: Was meinst Du eigentlich mit dem Vorwurf einer „ewigen Superioritätsdemonstration"? Ich arbeite doch seit Jahren hart daran, jene Demut an den Tag zu legen, die Dich als Münchner Parteichef und bayerischer Minister ausgezeichnet haben soll ...

Herzlichst

Dein Christian

Dr. Peter Gauweiler

MdB, Rechtsanwalt, Publizist,
Staatsminister a.D.

Geboren am 22. Juni 1949 in München;
verheiratet, vier Kinder.

Abitur, Studium der
Rechtswissenschaft,
1978 Promotion zum Dr. jur.

1972 bis 1982 Mitglied des Stadtrates
der Landeshauptstadt München. 1982
bis 1986 berufsmäßiger Stadtrat und
Leiter des Kreisverwaltungsreferates
der Landeshauptstadt München.
Von 1986 bis 1990 Staatssekretär im
Bayerischen Staatsministerium des
Innern. 1990 bis 1994 Bayerischer
Staatsminister für Landesentwicklung
und Umweltfragen und von 1990
bis 2002 Mitglied des Bayerischen
Landtags. Seit 2002 Mitglied des
Bundestages. Seit 2005 Vorsitzender
des Unterausschusses für Auswärtige
Kultur- und Bildungspolitik.

Träger nationaler und internationaler
Auszeichnungen.

Christian Ude

Oberbürgermeister der
Landeshauptstadt München

Geboren am 26. Oktober 1947
in München; verheiratet.

Abitur, Redaktionsmitglied der
„Süddeutschen Zeitung",
Studium der Rechtswissenschaft.

Von 1979 bis 1990 selbständiger Rechts-
anwalt. 1990 zweiter Bürgermeister der
Landeshauptstadt München. Seit 1993
Münchner Oberbürgermeister, dreimal
im Amt bestätigt, zuletzt 2008 mit
Zweidrittelmehrheit. Leitung der
Ausschüsse für Stadtplanung und
Bauordnung, Kultur, Arbeit und Wirt-
schaft, Personal und Organisation.
Seit 1996 stellvertretender Vorsitzender
des Bayerischen Städtetages. Von 2005
bis 2009 Präsident des Deutschen
Städtetages, seitdem Vizepräsident.

Autor mehrerer Bücher und Kolumnist
verschiedener Zeitungen.

Träger nationaler und internationaler
Auszeichnungen.